KOREA

Schutzumschlag vorne:
Steinhaufenpagoden. Von einem Einsiedler Anfang dieses Jahrhunderts am Ma'isan (Pferdeohrenberg; nach seiner Gestalt) in der Provinz Chŏllabuk-do errichtet. Manche der Pagoden sind bis zu zehn Meter hoch und ohne Mörtel kunstvoll zusammengefügt.

Schutzumschlag hinten:
Olympiastadion. Im September 1984 schon wurde das 100 000 Personen umfassende und 52 Eingänge aufweisende Olympiastadion eingeweiht. Rechts neben der koreanischen Flagge die Olympiafahne, die nach den Olympischen Spielen von Los Angeles nach Sŏul transferiert wurde. Die Leuchtschrift bei den 10. Asiatischen Spielen von 1986 bedeutet: „Wir wollen uns 1988 in Sŏul wieder treffen!"

Vorsatz vorne:
P'osŏkchŏng in Kyŏngju. In dieser Rinne in Form einer Abalonenmuschel ließen der König und sein Gefolge Gefäße mit kaltem Reiswein auf dem langsam fließenden Wasser treiben. Wenn eines an den Rand gespült wurde, mußte derjenige, bei dem es stehen blieb, ein Gedicht aus dem Stegreif machen oder das Gefäß leeren. Man kann sich vorstellen, daß es nicht lange dauerte, bis die ganze Hofgesellschaft sehr angeheitert war. 927 starben hier König Kyŏng-ae und die Königin mitten im Gelage. Sie hatten die Warnung von Boten mißachtet, die das Heranrücken von Feinden, Rebellen unter der Führung des Kyŏnhwŏn, gemeldet hatten.

Frontispiz:
Tol-harubang = Großvaterstein. Auf Cheju-do findet man viele dieser Gestalten, welche mit ihrem phallischen Aussehen auf einen alten Fruchtbarkeitskult hinweisen. Weiters ist anzunehmen, daß sie eine ähnliche Wächterfunktion hatten wie die changsŭng auf dem koreanischen Festland. Die Tol-harubang schenken eine leichte Geburt, Gesundheit und langes Leben.

Nach Seite 200:
Dachkonstruktion eines buddhistischen Tempels. Die türkise Farbgebung unterscheidet die koreanischen Tempel von ihren chinesischen Vorbildern.

Vorsatz hinten:
Landschaft an der Ostküste.

KOREA

Fotos von Dieter Josef
Text von Bernhard Schmid

Reich Verlag
terra magica

Reich / KOREA Job: ab-imp

Der Fotograf dankt Frau Kim In-Ju ganz besonders für die freundliche Unterstützung bei den Fotoarbeiten.

Ein weiterer Dank gilt den vielen Koreanern, die mich bei der Motivauswahl beraten haben.

D. J.

Gestaltung: E. + A. Kamal
Lektorat: Gisela M. Widmer

Printed in Germany

ISBN 3-7243-0240-1

Alle Schwarz-weiß-Illustrationen samt den Beschreibungen wurden im Koreanischen Nationalmuseum besorgt. (Übersetzung Beatrice Phillips)

Korea – Seine Lage und Landschaft

Die koreanische Halbinsel erstreckt sich südlich der Mandschurei. Sie ist leicht von Osten nach Westen gekrümmt wie die Jadekommas, die von den Goldkronen der frühen Könige herabhingen.

Die koreanische Halbinsel mißt von Norden nach Süden etwa 1'000 km und ist an der schmalsten Stelle 216 km breit. Die kürzeste Entfernung zwischen Korea und Japan beträgt 206 km.

Die Halbinsel und alle zu ihr gehörigen Inseln liegen zwischen 124° 11' und 131° 53' östlicher Länge und zwischen 33° 06' und 43° 01' nördlicher Breite.

Die Fläche der Halbinsel beträgt 221'325 km². Das Gebiet unter der Verwaltung Südkoreas ist 98'955 km² groß und erstreckt sich über 45 % der Gesamtfläche.

Geologisch ist Korea weitgehend Teil der Sinischen Masse und besteht vorwiegend aus kristallinen Schiefern und Graniten des Erdaltertums. Korea ist Teil jenes Staffelsystems, das durch den Abstieg des asiatischen Kontinents vom Hochplateau Zentralasiens zu den Tiefseegräben des westlichen Pazifiks gekennzeichnet ist und wird zur dritten (mandschurischen), Japan zur vierten (japanischen) Landstaffel gezählt.

Korea wird von zwei solchen Staffelbögen aufgebaut: der von nahezu südlicher nach südwestlicher Richtung streichenden Hamgyŏng-Kette Nordkoreas und der Nangnim-Kette und seiner südlichen Fortsetzung, der T'aebaek-Kette, die die Wasserscheide entlang der Ostküste bilden. Viele der höchsten Gipfel liegen entlang des Bruches zwischen dem Nangnim- und T'aebaek-Gebirge. Der Nangnim (2'014 m), der Kŭmgang (1'638 m) und der Sŏr'ak (1'638 m). Der Kŭmgang und der Sŏr'ak-san sind bekannt für ihre landschaftliche Schönheit.

Das T'aebaek-Gebirge zieht sich entlang der Ostküste hin, in einem Abstand von nur 20 bis 30 km. Den Nordteil des T'aebaek-Gebirges bildet das Kŭmgang-(Diamant-)Gebirge, das bis 1'708 m über den Meeresspiegel aufsteigt. Den ausgesprochenen Gebirgscharakter erhält das im allgemeinen eher niedrige Diamantgebirge durch die teilweise bizarren Bergformen wie Pfeiler, Nadeln, Kuppeln und Glocken, zu denen der Granit verwittert ist.

Das Landesinnere Koreas wird im wesentlichen durch zahlreiche von Südwesten nach Nordosten verlaufende, im Bereich Nordkoreas auch von Norden nach Süden streichende Gebirge und kleine Beckenlandschaften gegliedert.

Eine wichtige Trennungslinie bilden die von der T'aebaek-Kette westwärts abgehenden Sobaek-Gebirgszüge, die die Grenze zwischen den Provinzen Ch'ungch'ŏngbuk-do und Kyŏngsangbuk-do bilden und dann südwärts umbiegend, die beiden Chŏlla-Provinzen im Westen von den beiden Kyŏngsang-Provinzen im Osten trennen. Diese Gebirgskette gipfelt nahe der Südwestküste im 1'915 m hohen Chiri-san. Sie ist bei weitem bedeutender als die nördlich davon in südwestlicher Richtung verlaufende Ch'aryŏng-Kette, welche die Kyŏnggi-Provinz von der Ch'ungch'ŏngbuk-Provinz trennt.

Die Ebenen werden von Flüssen durchflossen, die reichlich fruchtbares Schwemmland abgelagert haben und somit die Grundlage für eine intensive Landnutzung liefern. Die Schwemmlandebenen sind von den Gebirgen umgeben und besitzen meist keine große Ausdehnung.

Berge und Hügel sind charakteristisch für Korea und machen fast 80% der Fläche Südkoreas aus. Die westlichen und südlichen Hügel steigen sanfter an und sind unterbrochen von Ebenen, niedrigen Bergen und gewundenen Flußtälern, während die östlichen Gebirgshänge steil ins Meer abfallen.

Wo man sich in Korea auch befinden mag, man verliert die Berge fast nie aus den Augen.

Die Küstenlinien Koreas zeigen keine einheitliche Ausbildung. Die Ostküste verläuft relativ gerade und weist nur eine größere Einbuchtung auf, die Yŏng'il-Bucht, in der P'ohang liegt. Sie fällt steil ins Japanische Meer (von den Koreanern wird die Bezeichnung Ostsee vorgezogen) ab und weist nur wenige vorgelagerte Inseln auf, deren größte Ullŭng-do mit 71,7 km² ist.

Von den 3'400 Inseln Koreas finden wir allein an der Südküste über 2'000. Die Südküste ist ein Musterbeispiel einer Riasküste, das heißt von Meerwasser infolge des Ansteigens des Meeresspiegels am Ende der letzten Eiszeit überfluteten Landes, von dem nur mehr die höchsten Erhebungen in Form unzähliger Inseln und Inselchen aus dem Meer herausragen. Die größten davon sind Kŏje-do (383 km²), Namhae-do (297 km²) und Chin-do (319 km²), die alle über Brücken zu erreichen sind.

Die Einschnitte an der Südküste haben eine Reihe von Häfen ermöglicht. Anzumerken ist, daß sich der Tidenhub, das heißt der Wasserstandsunterschied bei Ebbe und Flut, von einem Meter in Pusan bis auf vier Meter in Yŏsu erhöht.

Die größte Insel Koreas und Koreas einzige Inselprovinz, Cheju-do (1'850 km²), ist ebenfalls der Südküste vorgelagert. Cheju-do ist eine Vulkaninsel mit all ihren Merkmalen und liegt etwa 100 km vom koreanischen Festland im Ostchinesischen Meer, einem Randmeer des westlichen Pazifiks, das im Nordosten über die Koreastraße mit dem Japanischen Meer, im Südwesten über die Formosastraße mit dem Südchinesischen Meer in Verbindung steht.

Auch an der Westküste finden wir viele Halbinseln, Einbuchtungen und Hunderte von Inseln. Die größte Insel an der Westküste ist Kanghwa-do an der Mündung des Han-Flusses mit 320 km².

Weil das Gelbe Meer, ein Randmeer des Pazifiks zwischen der Nordostküste Chinas und der Halbinsel Koreas, sehr flach ist und die Flutströmung des Pazifiks dort hineindringt, kommt es an der Westküste zu Gezeitenunterschieden von sechs bis zehn Metern, dem zweithöchsten Tidenhub der Welt. Der Hafen von Inch'ŏn bedarf deshalb Flutdocks mit riesigen Schleusentoren.

Die meisten von Koreas Flüssen münden entweder ins Gelbe Meer oder ins Ostchinesische Meer, da sie dem natürlichen Gefälle der Halbinsel folgen. Wasserläufe, die von der Wasserscheide des T'aebaek-Gebirges nach Osten fließen, sind kurz, gerade und reißend.

Ist der Han-Fluß (514 km) mit einem Einzugsgebiet von 39'000 km² der Fluß im Norden, so ist der Nakdong (525 km) mit seinem Einzugsgebiet von 24'000 km² der Fluß des Südostens. Sein Becken umfaßt einen Großteil der Kyŏngsang-Provinzen. Er ist etwas länger als der Han-Fluß, seine Wasserführung ist aber geringer. Die Hauptstadt im Nakdong-Becken ist Taegu. Zu erwähnen ist auch noch der Kŭmgang (401 km), der in der Provinz Chŏllabuk-do entspringt, an Taejŏn vorbeifließt und bei Kunsan ins Gelbe Meer mündet.

Die Flüsse Koreas sind saisonale Flüsse mit viel Wasserführung in den Sommermonaten und vor allem in den Tagen nach den Monsunregen. Der Han-Fluß zum Beispiel führt zwanzigmal mehr Wasser im Juli als in den Monaten Januar und Februar. Die Flußbette sind deshalb sehr breit, verglichen mit der jährlichen Fließmenge, und die meiste Zeit des Jahres zu sehen. Korea braucht deshalb Dämme, um die monsunale Wasserflut für die Bewässerung und Industrie nützen zu können. Heutzutage spielen die Flüsse eine immer wichtigere Rolle für die Bewässerung des Landes. Mehr als 70% der koreanischen Reisfelder werden mit Flußwasser unterhalten, und große Mehrzweck-Staudämme sorgen für die Überschwemmungskontrolle, Elektrizitätsgewinnung und die Versorgung mit Trink- und Industriewasser.

Das Klima

Korea liegt zwischen kontinentaler und maritimer Einflußsphäre, wird aber klimatisch stärker vom Kontinent beeinflußt. Es besitzt ein überwiegend gemäßigtes Klima, nur die Südküste ist als subtropisch zu bezeichnen. Außer im hohen Norden Nordkoreas gibt es in Korea keine bitterkalten sibirischen Winter. Das Klima Koreas ist stark von den monsunalen Winden, das sind halbjährlich wechselnde Winde, geprägt.

Im Winter, wenn das Land kälter ist als das umgebende Meer, ist der Luftdruck über dem Land höher, und der vorherrschende Wind ist der Land-(Meer-) Monsun. Dieser Monsun bringt aus dem Norden kalte, trockene Luft aus Sibirien und streicht über die koreanische Halbinsel.

Im Sommer wiederum, wenn der asiatische Kontinent wärmer als das umgebende Meer ist, zieht die bestimmende Luftströmung vom Meer zum Land. Die vom Ostchinesischen Meer kommenden Luftmassen erreichen Korea sehr feuchtigkeitsreich. Die Luftfeuchtigkeit steigt bis auf 90%. Demzufolge finden wir in dieser Zeit die meisten Niederschläge. 50% der jährlichen Niederschlagsmenge fallen in den Monaten Juni, Juli und August. Die stärksten Regenfälle gibt es auf Cheju-do, wo der ankommende Monsun zuerst den Halla-san, den höchsten Berg der Insel, erreicht.

Weil die Winter trocken sind, fällt nicht viel Niederschlag als Schnee. Taegu weist vier, Sŏul und Pusan weisen jeweils zwei Schneetage im Monat auf.

Die jährliche Niederschlagsmenge beträgt in Sŏul über 1'200 mm, in Pusan (35° nördlicher Breite) 1'400 mm.

Sŏul, das mit 37° 34' ungefähr auf gleicher Breite mit Athen (37° 48') liegt, ist wesentlich kälter als dieses. Weist Athen noch eine mittlere Temperatur von 8° Celsius im Januar auf, so sinken die Werte in Sŏul im selben Monat bereits auf etwa minus 5° Celsius. Die mittlere Temperatur im heißesten Monat liegt in den meisten Gebieten Südkoreas über 25° Celsius. In Sŏul beträgt sie 25,4° Celsius.

Auch Koreas Klima ist durch vier Jahreszeiten gekennzeichnet: der Frühling beginnt mit der Ankunft der Schwalben und dem Blühen der Kirschblüten Ende März bis Anfang April. Die Regenfälle nehmen von März bis Mai zu. Sie sind zwar nicht sehr ausgiebig, aber ausreichend zur Vorbereitung des Saatbeetes für den Reis, zur Aussaat von Frühlingsgemüse und zum Anbau von sommerlichen Feldfrüchten wie Gerste und Sojabohnen. Der Wintermonsun geht allmählich in den Sommermonsun über. Der Frühling ist kurz und dauert gewöhnlich nur wenig mehr als zwei Monate (April und Mai).

Der Sommer beginnt im Juni, wenn die Temperatur über 20° Celsius ansteigt. Die Regenfälle erreichen in diesem und den beiden darauffolgenden Monaten ihre Spitzenwerte, und es kommt gelegentlich zu Überschwemmungen. Diese reichhaltigen Regenfälle und die heißen Sommer sind sehr notwendig für den Reisanbau. Mangelnde Regenfälle oder zu spätes Einsetzen der Regenzeit können zu Ernteschäden führen.

Der Herbst ist ziemlich kurz und fällt in die Monate Oktober und November. Er ist durch den Übergang vom heißen und feuchten Sommermonsun zum kalten, trockenen Wintermonsun gekennzeichnet. In dieser Jahreszeit gibt es viele klare Tage, und das trockene und sonnige Wetter ist wichtig für die Reisreife und -ernte.

Die Temperaturen sinken gegen Ende Dezember in Südkorea unter null Grad Celsius, gelangen im Januar an ihren Tiefpunkt und steigen im Februar wieder auf etwa die Dezemberhöhe an. Der Boden bleibt an der Südküste bis Ende Januar und bei Sŏul bis um den 20. Februar gefroren.

Eine interessante klimatische Erscheinung Koreas ist der sehr regelmäßige Wechsel von drei kalten mit vier wärmeren Tagen im Winter. Dies kommt dadurch zustande, daß die Luftmassen, die sich über Korea aufhalten, sich in diesem Zeitraum mehr erwärmen als die Luftmassen hinter ihnen in Sibirien und die daraus entstehenden Druckunterschiede wieder kalte, schwere Luftmassen von Sibirien zum Nachstoßen veranlassen. Dieses Pulsieren führt zu der Wettereigentümlichkeit von drei Tagen kaltem Wind und vier Tagen ruhiger Luft und klarem Himmel.

Die Wintertemperatur hat einen großen Einfluß auf die Landwirtschaft. Wo es nicht zu kalt ist, sind Doppelernten, meistens von Reis und Gerste, möglich.

Im Zusammenhang mit dem Klima sollte man auch noch die Taifune erwähnen, das sind Wirbelstürme, die sich entlang der innertropischen Konvergenzzone bilden, wo tropische Luftmassen aus der südlichen Hemisphäre auf solche der nördlichen treffen. Sie entstehen über dem Pazifischen Ozean zwischen 10° bis 15° nördlicher Breite. Die meisten ziehen an Korea vorbei, besonders aber zwischen dem 11. und 20. Juli und dem 1. und 10. September ist die Wahrscheinlichkeit am größten, daß einer Korea erreicht.

Der Autor dieses Buches wurde auch einmal im letzteren Zeitraum von den Ausläufern eines Taifuns bei einem Badeaufenthalt in Kŏje-do überrascht. Die Wucht des Sturmes war schon stark gebremst, er brachte aber starke Regenfälle mit sich, eine etwas rauhe Brandung und eine starke Abkühlung der Luft.

Meist haben die Taifune, wenn sie Korea erreichen, an Kraft verloren, und die verursachten Schäden sind mehr auf die intensiven Regenfälle als auf den starken Sturm selbst zurückzuführen.

Die Vegetation

Die natürliche Vegetation war früher ein Mischwald aus Nadel- und Laubbäumen. Die Nadelbäume waren hauptsächlich Kiefern, und die Laubbäume schlossen Eiche, Ahorn, Birke, Ulme, Esche, die Hainbuche, deren Nüsse von Koreanern sehr geschätzt werden, und Kastanie ein. Alle diese Bäume finden wir heute noch, wenn auch in stark reduziertem Ausmaß.

Etwa um die Zeitenwende war die Reiskultur von China nach Korea gekommen. Starke Rodungen des Waldes waren die Folge. Außerdem hatte man früher zum Kochen und Heizen Holz als Brennstoff verwendet. Die Ondol-Fußbodenheizung hatte einen großen Holzverbrauch, und die Wälder um die Siedlungen, später auch in weiterem Umkreis, waren bald kahl geschlagen. Anstelle des Waldes traten Gräser. Da hauptsächlich die geraden Bäume abgeschnitten wurden, blieben die knorrigen, krummen stehen, und es wurde so eine negative Auslese betrieben. Vereinzelt war noch Anfang der siebziger Jahre in gebirgigen Lagen Brandrodungsfeldbau anzutreffen, der zur Erosion beitrug.

Anfang der sechziger Jahre wurde ein Aufforstungsprogramm von der Regierung in Angriff genommen. Ferner wurde, um den Gedanken des Baumschutzes in der Bevölkerung zu verankern, ein eigener nationaler Feiertag, der Baumpflanztag am 5. April, geschaffen.

Für Aufforstungen werden verschiedene Kiefern, unter anderen die heimische rote (Pinus densiflora) und weiße Kiefer (Pinus koraiensis), japanische Lärchen, Zedern und Zypressen genutzt, in niedrig gelegenen Gegenden die Pappel. Ungefähr die Hälfte des gegenwärtigen Baumwuchses ist Nadelwald und nicht Mischwald.

Außer den schon erwähnten Bäumen finden wir in Korea noch unter anderen Tannen, Buchen, die japanische Eibe (Taxus cuspidata), Ebereschen, Lindenbäume, Weiden, Platanen, Wildbirnen, Wildkirschen und den Gingkobaum.

Auch für unsere Zier- und Vorgärten ist die nur etwa sieben Meter hoch werdende Koreatanne (Abies koreana) sehr geeignet. Sie hält sich auch im Stadtklima gut.

Neben der Kiefer finden wir auch noch, etwa am Sŏr'ak-Berg, die japanische Kriechkiefer, eine Zwergkiefer, die kaum über meterhoch wird.

Der bis zu 30 Meter hoch werdende Gingkobaum mit seinen lederartigen, fächerähnlichen Blättern überlebte aus dem Mesozoikum mehrere Erdepochen und ist heute der älteste noch lebende Laubbaum. Seine Blätter färben sich im Herbst prachtvoll gelb.

An Landstraßen treffen wir oft Pappeln an, während die Straßenränder von Städten oft von den sehr abgasresistenten Gingkobäumen, Platanen, Götterbäumen (Ailanthus), Sumachs und Paulownien gesäumt werden. In den Dörfern dienen oft Zelkoven (bis 25 Meter hoch) als Schattenspender.

Ferner kommen in Korea vor: sechs verschiedene Stechpalmenarten, Weigeliensträucher, Spiersträucher, Binsen, Bambusgras und an den warmen Küsten des Südens und auf Cheju-do, wo wir überhaupt eine Fülle von subtropischen Pflanzen antreffen, Lorbeergewächse. Bambus finden wir ebenfalls in den südlichen Gebieten, vor allem in den Chŏlla-Provinzen und auf Cheju-do. Im Sŏr'ak-Gebirge und auf den Halla-san in Cheju-do wachsen Heidelbeeren.

Zur Blütenpracht tragen Magnolien, Hortensien, Rhododendron, Flieder, Rosen, Veilchen, Astern, Chrysanthemen, Lilien, Pfingstrosen (Päonien), der Waldmohn, der Eisenhut, Kamelien und Liguster bei.

Neben den Landstraßen finden wir häufig Lavendel und rosa, weiße oder tiefrote Schmuckkörbchen (Cosmos).

Azaleen sind in ganz Korea häufig, und auch Enziane gibt es reichlich im Frühjahr.

Eine Forsythienart, die Forsythia ovata, die nur 150 Zentimeter hoch wird, aber sehr winterhart ist, ist aus Korea zu uns gekommen.

Der Süden Koreas ist reich an Heidekräutern und seltenen Heilpflanzen.

Die Nationalblume Koreas ist die Mu'gunghwa, der Roseneibisch, dessen Blüten rasch abfallen, aber immer wieder in ihrer langen Blütezeit von neuen Blüten ersetzt werden. Die Mu'gunghwa symbolisiert die durch alle Schicksalsschläge wieder auferstehende und sich erneuernde Kraft Koreas.

Eine Augenweide zur Blütezeit ist auch der Raps, der gern auf wenig kalkhaltigen Böden gedeiht und keinen nassen Untergrund verträgt. Er wird etwa ein Meter hoch. Seine Blütezeit ist im April.

Geschichte Koreas

Neolithikum und Bronzezeit

Das koreanische Neolithikum beginnt etwa mit dem 5. Jahrtausend v. Chr. Träger der neolithischen Kultur Koreas waren allem Anschein nach Tungiden aus dem mandschurisch-sibirischen Raum. Die Tungiden bilden eine der Kernrassen des Formenkreises der Mongoliden mit beachtlicher Beimischung der sogenannten sibiriden Rasse und haben eine wesentlich weitere Verbreitung als die Tungusen. Sie zogen über das nordkoreanische Bergland südwärts und ließen sich entlang der Küste und in den Flußtälern nieder. Sie erwarben sich als Jäger, Fischer und Sammler ihren Lebensunterhalt und hatten keine feste Behausung. Mit dem Beginn eines primitiven Feldbaues wurden sie aber seßhaft. Artefakte einer neolithischen Fischerbevölkerung finden wir etwa seit dem 4. Jahrtausend v. Chr. vor.

Die Keramik der neolithischen Epoche Koreas ist durch Chŭlmun, das sind Kammeindrücke, gekennzeichnet. Parallelen zur Kammkeramik Sibiriens und der Mandschurei liegen auf der Hand und deuten auf einen kulturellen Zusammenhang mit dem nordöstlichen asiatischen Festland hin.

Dieser Verwandtschaft im keramischen Bereich entspricht auch eine der Sprachen. Koreanisch gehört zur altaischen Sprachfamilie, die die Mandschu-Sprache, einige tungusische Sprachen, die Turk-Sprachen und die mongolischen Sprachen umfaßt. Das mit dem Koreanischen grammatikalisch eng verwandte Japanische gehört auch dazu. Gemeinsame rassische Ursprünge mit Völkern Nordasiens, insbesondere sibirischen Stämmen, den Mongolen und den Mandschu erscheinen daher wahrscheinlich.

Gegen Ende des Neolithikums begannen die Träger der Kammkeramik-Kultur entlang der Flußläufe ins Landesinnere vorzudringen. Sie lebten in natürlichen und künstlich geschaffenen Höhlen, später dann in Hütten.

Familien hatten sich zu Familiengruppen und diese zu einem Clan zusammengeschlossen. Jeder Clan lebte in einem genau abgegrenzten Gebiet und kannte gemeinschaftliches Eigentum und Gemeinschaftsarbeit. Jedem Clan stand ein Häuptling vor, der seine Position durch Alter und Abstammung erhielt. Besonders weittragende und folgenschwere Entscheidungen, wie die Kriegführung gegen einen anderen Clan, mußten aber von einer Versammlung aller erwachsener Männer entschieden werden. Heiraten innerhalb des Clans waren verboten. Diese Exogamität milderte die Rivalitäten zwischen den Clans und führte zum Erfahrungs- und Wissensaustausch über wichtige Bereiche des Lebens wie Landwirtschaft und Fischfang. Allmählich schlossen sich mehrere Clans zu einer größeren regionalen Gruppe zusammen, und es entstand eine Stammesgesellschaft. Das Auftauchen von Bronzewaffen ermöglichte es einigen Clans, andere zu beherrschen und trug so ebenfalls wesentlich zur Bildung von Stammesgesellschaften bei. Ein wesentliches Merkmal dieser Gesellschaft war das Hervortreten einer herrschenden Schicht. Sichtbar wird diese Herausbildung einer herrschenden Schicht in dem Auftreten von Dolmen in der Bronzezeit.

Die Verteilung der Dolmen, Megalithgräber für Führer und hochgestellte Persönlichkeiten der Stammesgesellschaft, zeigt, daß Stämme und eine herrschende Klasse zuerst im Norden auftraten. In der Tat war es auch im Norden, wo sich größere politische Einheiten, die Stammesverbände, zuerst bildeten.

Gurtschnallen in Form von Pferd und Tiger
(Bronze)
Frühe Eisenzeit (2. und 1. Jahrhundert v. Chr.)
Aus Ŏŭn-dong, Yongch'ŏn, Provinz Nord-Kyŏngsang
Das Pferd ist gerundet, während der Tiger eine flache Rückseite aufweist. Trotz dieses Unterschiedes sind die beiden Schnallen einander so ähnlich in Stil und kunsthandwerklicher Ausgestaltung, daß sie von der gleichen Werkstätte zu stammen scheinen.
Sie sind den aus Nordostasien und Nordchina stammenden Schnallen sehr ähnlich, unterscheiden sich aber durch ihren einheimischen Charakter eindeutig. Die auffallendsten Charakteristiken sind die unverhältnismäßig großen Glieder, die langen, robusten Haken und die Verzierungen. Die Funktion der ovalen, muschelartigen Relief-Ornamente auf beiden Hakenstielen sowie beim Pferd unterhalb des Bauches konnte bis heute nicht geklärt werden.

Funde von Schwarzkeramik an der koreanischen Westküste erweisen die Ausstrahlungen der spätneolithischen Kultur Nordchinas mit der schwarzen Lungshan-Ware und die Kontakte zu den Bewohnern der Ostküste Chinas. Verschiedene Anzeichen deuten auch auf eine Einwanderung von Chinesen gegen Ende der Yin-(Shang-)Zeit, als das Land an die Chou-Dynastie (gegen 1100 v. Chr.) gefallen war. Daß allerdings, wie berichtet wird, Ki-ja (chinesisch Chi-tzŭ), der Onkel und Berater des letzten Shang-Kaisers, mit einer großen Zahl von Flüchtlingen ins Land kam und dort eine Dynastie aufrichtete, erscheint nicht sehr glaubwürdig. In Korea, das nach zunehmender Sinifizierung in geschichtlicher Zeit bestrebt war, sehr alte Verbindungen mit der chinesischen Zivilisation aufzuzeigen, wird diese Überlieferung von Ki-ja und seinen Nachkommen, die vierzig Generationen lang über Korea geherrscht haben sollen, bis in unsere Tage gepflegt.

Archäologische Funde erweisen, daß die neolithische Kultur, deren Keramik ohne Verzierung ist oder das zahnartige schon erwähnte Kammuster aufweist, über die ganze koreanische Halbinsel und die südliche Mandschurei verbreitet war. Die Leute, die diese Kultur trugen, wurden von den Chinesen Tung-i (östliche Barbaren) genannt. Diese Tung-i bewohnten, chinesischen Quellen zufolge, aber nicht nur die koreanische Halbinsel, sondern auch die südliche Mandschurei und die östlichen Küstengebiete Chinas am Yangtze-Fluß. Während der chinesischen Chou-Ära (um 1100 bis 256 v. Chr.) stießen die Tung-i an der Westküste des Gelben Meeres öfters mit den Chinesen zusammen. Die Feindseligkeiten nahmen während der Zeit der Streitenden Reiche (Chan-kuo-Periode, 481–249) an Intensität zu, und die Tung-i wanderten in die koreanische Halbinsel ein.

Die Ostküste Chinas nördlich des Yangtze-kiang bewohnte ein Zweig der Tung-i, die Maek. In der südlichen Mandschurei und im nördlichen Korea waren die Suksin anzutreffen, der schlagkräftigste Stamm der Tung-i, und der Ye-Stamm, ein Zweig des Maek-Stammes. Der Han-Stamm bewohnte Südkorea. Die Sprache aller drei gehört zur tungusischen Familie: die Puyŏ-Koguryŏ-Sprache wurde von den Maek gesprochen und die Han- und Suksin-Sprache von den gleichlautenden Stämmen.

Ko-Chosŏn, das alte Chosŏn (chinesisch Chao-hsien), wie Koreas erster Name lautet (ko = alt – in Abgrenzung zum Chosŏn genannten Korea der Yi-Zeit von 1392 bis 1910), entwickelte eine Bronzekultur im Einflußbereich der Tung-i. Diese Bronzekultur finden wir im Tal des Taedong-Flusses im nordwestlichen Korea. Die Bronzewaffen trugen zur Unterwerfung der Nachbarstämme bei. Ko-Chosŏn wies bald genügend militärisches Potential auf, um die anderen Stämme in der Mandschurei und Korea unter Kontrolle zu halten. Es war der erste Stammesstaat, der eine Zivilisation östlich von China entwickelte. Die Herrscher von Ko-Chosŏn, die ab dem 10. Jahrhundert v. Chr. vortreffliche Bronzewaffen verwendeten, waren auch die, die Dolmen errichteten, welche wir in ganz Nordkorea, außer in der nördlichen Hamgyŏng-Provinz, und ferner unter anderem auf der Insel Kanghwa-do in Südkorea vorfinden. Die Ko-Chosŏn bildeten einen Zweig des Suksin-Stammes und stellten die Träger der Megalithkultur dar, welche aber auch von der nomadischen Kultur des tungusischen Maek-Stammes beeinflußt wurde. Diese Begründer der Megalithkultur hatten ebenso wie der Maek-Stamm Shan-tung und Liao-hsi bewohnt und waren dort sowohl den Einflüssen der Ackerbaukultur Chinas als auch denen nördlicher nomadischer Kultur ausgesetzt gewesen.

Sie scheinen die Vorfahren des Koguryŏ-Volkes zu sein, das als eine militärische Macht im 1. Jahrhundert v. Chr. auftaucht. Dahin deuten auch die Grabformen des frühen Koguryŏ, die nur eine entwickelte Form der Ko-Chosŏn-Dolmen darstellen.

Seite 13:
Landschaft an der Ostküste.

Seiten 14/15:
Haegŭmgang, eine bewachsene Felsenformation an der Südküste.

Seite 16 oben und unten:
Wŏlch'ul-Berg (809 m) in der Provinz Chŏllanam-do.

Seite 17:
Im 344 km² großen Naturschutzgebiet (seit 1970) des Sŏr'ak-san, dem dritthöchsten Berg des Landes in der Provinz Kangwŏn-do. Man spricht vom Sŏr'ak-san in der Einzahl, tatsächlich handelt es sich aber um ein Gebirge, von dem der eigentliche Sŏr'ak-Berg (1708 m) nur ein Teil ist. Er gehört zum T'aebaek-Gebirgszug. Man erreicht den Sŏr'ak-san über den Fischerort Sokch'o.

Seiten 18/19:
Schroff zerklüftete, charakteristische Felsformationen am Sŏr'ak-san. Kiefern sind ein beliebtes Motiv der ostasiatischen Malerei.

Seiten 20/21:
Über zwei Drittel Koreas sind gebirgig. Berge und Hügel gehören zum charakteristischen Landschaftsbild Koreas. Hier eine Hügellandschaft in der Provinz Chŏllanam-do.

Seiten 22/23:
Blick in den Krater des Halla-san auf der Insel Cheju, des mit 1950 m höchsten Berges Südkoreas. Er brach zuletzt 1007 aus und gilt heute als erloschen. Der Halla-Vulkan ist von jedem Platz der Insel zu sehen.

Seite 24:
Blick vom Nam-san (Südberg; 467 m) in das Tal von Kyŏngju, der Hauptstadt des ehemaligen Silla-Reiches.

Vase mit Figuren
(graues Steingut)
Alt Silla (5. und 6. Jahrhundert)
Aus der Gegend der Grabstätte von König Mich'u, Kyŏngju, Provinz Nord-Kyŏngsang
Diese in unvollständigem Zustand gefundene Vase ist mit eingravierten Kreisen und vertikalen paralellen Linien verziert und mit verschiedenen Tonfiguren appliziert: Musiker mit lautenähnlichem Instrument, in Liebe umschlungenes Paar, Schlangen, Schildkröten und Kröten. Die religiöse Bedeutung dieser Motive ist noch nicht geklärt.

Die Wi-Man-Dynastie und Lo-lang (194 v. Chr. – 313 n. Chr.)

Der Einsatz von Pferden im Krieg erhöhte die Kampfstärke von Ko-Chosŏn und half ihm, seine Einflußsphäre vom nördlichen Korea in die Südwestmandschurei auszudehnen, was zum Konflikt mit Yen, einem der sieben Staaten in China zur Zeit der Streitenden Reiche (Chan-kuo-Ära, 481–249), führte. Ko-Chosŏn, von den Yen im 3. Jahrhundert v. Chr. besiegt, verlor seine Territorien westlich des Liao-Flusses.

Der Einfluß Ko-Chosŏns ging demzufolge zurück. Ferner brachte der Übergang von der Bronze- zur Eisenkultur in Nordchina Kräfteverschiebungen auf dem Kontinent mit sich, die zur Einigung Chinas unter der Ch'in-Dynastie (255–206) führten, deren baldiger Niedergang und langwieriger Kampf mit der nachfolgenden Han-Dynastie (206 v. Chr. – 220 n. Chr.) aber viele Chinesen veranlaßte, nach Osten zu wandern.

Im Jahre 195 v. Chr. rebellierte Lu Kuan, der Lehensfürst von Yen, gegen die Han-Dynastie und suchte Zuflucht bei den Hsiung-nu (Hunnen), während der ebenfalls aus Yen stammende Wei Man (koreanisch Wi Man) nach Korea flüchtete und dort bei König Chun von Ko-Chosŏn Zuflucht erhielt. Er wurde zum Kommandeur einer Einheit am Amnok-Fluß ernannt, benutzte seinen Posten aber dazu, noch mehr Leute um sich zu sammeln und dann mit ausreichenden Kräften König Chun anzugreifen. Der König wurde aus der Hauptstadt Pyŏngyang vertrieben, und Wi Man begründete 194 v. Chr. die Wi-Dynastie, die bis 108 v. Chr. Bestand hatte.

Wis Korea, das sich etwa über die heutigen nordkoreanischen Provinzen P'yŏng'an und Hwanghae erstreckte, gedieh durch den Handel mit Han-China, dessen Oberhoheit anerkannt wurde. Der Zustrom chinesischer Kolonisten und Abenteurer wie auch die Unterstützung Ko-Chosŏns durch China ermöglichten die Ausdehnung dieses stark sinisierten Reiches bis an die koreanische Ostküste und in das Flußbecken des Hangang.

Im Ostteil der Halbinsel treffen wir im Laufe der letzten vorchristlichen Jahrhunderte aus Ostsibirien abgewanderte tungusische Stammesverbände an. Im Gebiet der heutigen Provinz Hamgyŏng stoßen wir auf die Okchŏ, im Gebiet der Provinz Kangwŏn auf die Maek und die Ye, die wahrscheinlich in tributärer Abhängigkeit zu Chosŏn standen. Ein Häuptling der Ye lehnt sich 128 v. Chr. gegen Chosŏn auf und kann erst durch chinesische Hilfe wieder in Botmäßigkeit gebracht werden.

Über die Beziehungen Chosŏns zum Süden der Halbinsel wissen wir nichts, da die chinesische Geschichte noch nichts über die dort siedelnden Han-Stämme berichtet.

Als Ko-Chosŏn unter König Ugu vergeblich von Han-China an seine Vasallenpflicht ermahnt wird, kommt es zu Auseinandersetzungen, in deren Verlauf König Ugu in die Halbinsel Liao-tung einfällt. Der regierende Han-Kaiser Wu-ti sendet daraufhin eine Armee von 60'000 Mann zu Lande und 7'000 Mann zur See zu einem Straffeldzug ab, der König Ugu zur Anerkennung der chinesischen Oberhoheit zwingt.

Im Verlauf innerer Zwistigkeiten wird aber König Ugu durch Verrat seiner Minister getötet und dem chinesischen Heerführer die Hauptstadt überlassen. Damit endet die koreanische Wi-Dynastie im Jahre 108 v. Chr.

Das unterworfene Gebiet wurde in vier chinesische Präfekturen aufgeteilt und von chinesischen Statthaltern verwaltet. Es waren dies die Präfekturen Lolang (koreanisch Nangnang), Hsüan-t'u (Hyŏnt'o), Lin-t'un (Imdun) und Chênp'an (Chinbŏn). Davon haben jedoch, dem Widerstand der koreanischen Stämme zufolge, Lin-t'un und Chên-p'an nur kurzen Bestand. Auch der Ostteil der

Präfektur Hsüan-t'u muß bald aufgegeben werden. Lediglich Lo-lang bestand bis 313 n. Chr.

Die Lo-lang-Kultur strahlte auf die gesamte Halbinsel und sogar nach Japan aus. Obwohl diese Hochkultur an die chinesische Herrenschicht gebunden war, beeinflußte sie die noch weit zurückstehenden Koreaner und bildete durch den Kontakt über Jahrhunderte die kulturelle Grundlage für den späteren, stark sinisierten, koreanischen Amtsadel.

Mit dem Niedergang und dem Fall von Ko-Chosŏn erstarkten unter dem Einfluß der durch die Hsiung-nu (Hunnen) vermittelten Eisenkultur, die große kulturelle Veränderungen mit sich brachte, einige nord- und südkoreanische Stämme.

Im mandschurisch-koreanischen Grenzgebiet taucht der militante Staat Koguryŏ (ursprünglich Cholbon Puyŏ) auf, der bald die umliegenden kleineren Stämme unter seine Herrschaft bringt. Er hatte sich von den Puyŏ abgezweigt und war in seinem Kern tungusischer Abstammung.

In Südkorea treffen wir auf die Han-Stämme, deren Name aber in keiner Beziehung zu demjenigen der chinesischen Dynastie steht. Größere Stämme umfaßten an die 10'000 Haushalte, kleinere nur etwa 600 bis 700. Sie bildeten etwa seit der Zeitenwende größere Verbände.

Im Nordwesten finden wir den unter starkem Einfluß der chinesischen Lolang-Kultur stehenden Stammesverband der Mahan, der aus 54 Stämmen bestanden haben soll. Seinen Kern könnten Einwanderer malayo-austronesischer Abkunft gebildet haben.

Der Sage nach war König Chun, der von Wei Man vertriebene König, nach Süden bis an den Kum-Fluß geflüchtet und seine Nachkommen waren die Herrscher der Mahan-Stämme geworden.

Am Han-Fluß kommt es zu wiederholten Grenzzwischenfällen Mahans mit dem angrenzenden Lo-lang.

Der Stammesverband der Chinhan im Gebiet der jetzigen Provinz Kyŏngsangbuk-do soll aus zwölf Stämmen bestanden haben und war wohl tungusischer Abstammung, hatte aber auch zahlreich Chinesen, wahrscheinlich chinesische Flüchtlinge gegen Ende der Ch'in-Dynastie (255–206), in sich aufgenommen.

Die ebenfalls tungusischen Pyŏnhan an der Südküste bildeten den am wenigsten entwickelten Stammesverband.

Diese drei Stämme werden als die Sam-Han (die drei Han) zusammengefaßt, und die Bezeichnung Sam-Han-sidae (Zeit der drei Han) wird bisweilen für das Zeitalter gebraucht, das dem der Drei Reiche vorangeht.

Koguryŏ hatte seine Macht vom Kerngebiet am mittleren Lauf des Amnok-Flusses ausgebreitet. Seine Lage setzte Koguryŏ Einfällen nördlicher Nomaden als auch Angriffen der Chinesen vom Westen aus, und Koguryŏ hatte auch von Anfang an Zusammenstöße mit beiden. Das chinesische Han-Reich pflegte freundschaftliche Beziehungen mit Koguryŏ, das Chinas Oberhoheit anerkannte, da es Koguryŏ als einen Pufferstaat gegen die nördlichen Hunnen ansah, die China von Zeit zu Zeit heimsuchten. Koguryŏ griff aber im Jahre 12 Han-China an und drang bis westlich des Liao-Flusses vor.

Im Jahre 47 n. Chr. konnte Han-China einen Koguryŏ-Stamm dazu gewinnen, sich auf die Seite Lo-langs zu stellen, mußte aber einen weiteren Angriff Koguryŏs hinnehmen, der Koguryŏ weit bis ins Innere Chinas brachte und sogar zur Besetzung Pekings führte. Die Schwächerwerdung der nördlichen Hunnen erlaubte Koguryŏ aber keinen weiteren Angriff mehr gegen das nun so entlastete China. Außerdem hatte Koguryŏ einen inneren Konflikt auszutragen, in dem der den König stellende Sono-Stamm seine Position an den Kyeru-bu (bu = Stamm) abtreten mußte, der eine noch straffere Führung errichtete.

Unter König T'aejo, dem 6. König, unterwarf Koguryŏ die Ye und Okchŏ an der Ostküste der Halbinsel und hatte Zusammenstöße mit Hsüan-t'u und Liaotung im Westen.

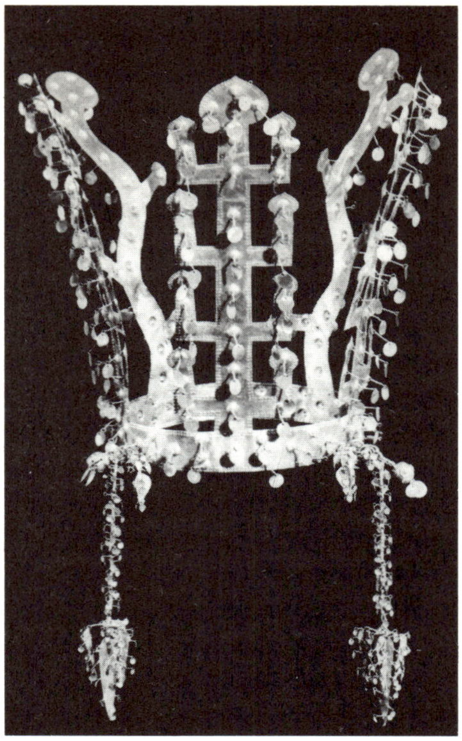

Krone mit zwei Anhängern
(Gold mit Glasperlenornamenten)
Aus der „Grabstätte der Goldenen Glocke", Kyŏngju.
Alt Silla Periode (5.–6. Jahrhundert)

Nach dem Zusammenbruch der Han-Dynastie kommt es zum Konflikt mit der chinesischen Wei-Dynastie (220–264), gegen die sich Koguryŏ gelegentlich mit dem südchinesischen Staat Wu (222–277) verbündet. 246 schickte Wei-China eine große Strafexpedition aus, welche die Hauptstadt Koguryŏs am oberen Yalu, Hwando, eroberte und das Land verwüstete.

Koguryŏ erhob sich jedoch bald erneut und führte einen Angriff gegen das Ch'in-Reich im Jahre 311. 313 unterwarf es die chinesische Kolonie Lo-lang.

China war von 311 bis 349 im Aufruhr, denn zu dieser Zeit kämpften die „Sechzehn Staaten" um Hegemonie in China.

Ferner hatten die im Kern tungusischen Chsien-pi, aus der Ostmongolei vorstoßend, die politische Schwäche Chinas genützt und waren bis nach Liao-hsi vorgedrungen, wodurch die Landverbindung Chinas mit Korea unterbrochen wurde. Diese günstigen Umstände machten Koguryŏ die Einverleibung der Kolonie Lo-lang nicht allzu schwer.

Koguryŏ erstreckt sich nun bis an den Han-Fluß und nord- und südkoreanische Staaten grenzen zum ersten Mal aneinander.

Die Zeit der Drei Reiche: Koguryŏ, Paekche und Silla

Mit dem Verschwinden der chinesischen Kolonie im Jahre 313 begannen sich die südkoreanischen Stammesverbände zu selbständigen Staaten zusammenzuschließen. Im Gebiet des Verbandes der Mahan bildet sich Paekche heraus, im südostkoreanischen Chinhan geht die Einigung vom Stammestum Saro aus.

Der Saro-Stamm lebte im heutigen Kyŏngju. Sein Führer, Kim Naemul (356–401), hatte den Titel eines Maripkan, der erbliche Thronfolge beanspruchen konnte, angenommen. Vorher hatte die Stammesführung von Saro zwischen der Pak-, Sŏk- und Kim-Familie gewechselt, aber nach König Naemul wurde die Thronfolge des Königreiches Silla im Kim-Haus erblich.

Nach der Tradition wurde Paekche schon 18 v.Chr., Silla bereits um 57 v.Chr. gegründet. Diese bis heute sogar in koreanischen Geschichtswerken anzutreffenden Daten finden jedoch keine Stütze durch entsprechende Quellen.

In Pyŏnhan bilden sich eine Reihe von Kleinstaaten, die Kaya-Konföderation, deren Hauptgebiet Tae-gaya in japanischen Quellen meist als Mimana (koreanisch Imna) bezeichnet wird. Hier wurde um die Mitte des 4. Jahrhunderts eine japanische Statthalterei (Yamato no mikoto-mochi) gegründet.

Durch die neuerliche Zerstörung seiner Hauptstadt im Jahre 342 entschließt sich Koguryŏ, seine Grenzen nunmehr in anderer Richtung, und zwar auf die koreanische Halbinsel, zu erweitern. So kommt es in Konflikt mit Paekche, das mit Mimana verbündet ist. Für Japan bedeutete Paekche ja die kulturelle Brücke zu China, und so gab es Paekche Rückendeckung, damit es dem Druck Koguryŏs standhalte. Das militärisch jetzt noch schwache Silla steht meist auf seiten Koguryŏs.

Im Jahre 369 unternehmen japanische Streitkräfte im Bund mit Paekche einen Feldzug gegen Silla. Koguryŏ greift Paekche an, das mit einem Gegenangriff antwortet, in dem König Kogugwŏn von Koguryŏ ums Leben kommt. Solcherart nicht gerade in seiner neuen Strategie bestärkt, setzt Koguryŏ sie dennoch fort und erreicht unter König Hot'ae-wang (391–413) den Höhepunkt seiner Macht. Es reicht bis an den Liao-Fluß und kann mitunter sogar Paekche unter Kontrolle halten.

Hot'ae-wangs Sohn Changsu festigt Koguryŏs Vormachtstellung. Durch die Verlegung der Hauptstadt vom Yalu an den Taedong nach Pyŏng-yang fühlt sich allerdings nicht nur Paekche, sondern auch Silla bedroht, was zu einem Bündnis beider führt, das aber keinen Erfolg zeitigt. Paekches Hauptstadt Hansŏng am

Gefäß in Form eines Kriegers zu Pferd
(Asche-glasiertes graues Steingut)
Alt Silla (5.–6. Jahrhundert)
Aus der „Grabstätte der Goldenen Glocke", Kyŏngju, Provinz Nord-Kyŏngsang
Dieses viel publizierte und „weitgereiste" Gefäß, das einen Krieger in voller ledergepanzerter Rüstung auf einem vergleichsweise sehr stämmigen Pferd darstellt, wurde 1924 in der Kumnyŏng-ch'ong *oder „Grabstätte der Goldenen Glocke" entdeckt.*
Die Flüssigkeit wurde in die hinter dem Sattel angebrachte Schale eingegeben und durch die rohrförmige Schneppe, die aus der Brust des Pferdes hervorragt, ausgegossen. Der unten an der Schneppe angebrachte Ring ist sehr wahrscheinlich das erste Glied eines heute verlorenen Anhängers. Als auffallendes Exemplar der hochentwickelten und sehr originellen Kunst der Töpfer dieser Zeitspanne zeugt dieses Gefäß von lebhaftem Humor, welcher einer der grundsätzlichen Charakterzüge der koreanischen Kunst zu sein scheint.

Han-Fluß fällt an Koguryŏ, eine neue Hauptstadt, Ungjin, muß am Kŭmgang errichtet werden. Paekche entschädigt sich durch die westlichen Gebiete von Mimana, die es sich von Japan bei Verhandlungen abtreten läßt. Darauf wenden sich die einheimischen Fürsten von Kaya Silla zu, das 562 das restliche Gebiet in seines eingliedert. Japan hat hiermit seinen Stützpunkt auf Korea verloren.

König Pŏphung (514–540) und König Chinhŭng (540–576) führen Silla zu einer militärischen Stärke, die es Koguryŏ ebenbürtig macht. 551 erringt es gemeinsam mit Paekche einen Sieg über Koguryŏ und kann das Gebiet am Oberlauf des Han besetzen, während Paekche seine verlorenen Territorien im unteren Teil des Han zurückgewinnen kann. Silla greift jedoch seinen Bündnispartner an und nimmt das Flußbecken des Han ein. Bei einem Gegenschlag kommt König Sŏng von Paekche ums Leben.

Durch diesen wichtigen Sieg über Koguryŏ war Silla der Zugang zur Westküste eröffnet worden, und es kann nun von der Namyang-Bucht mit China direkt Handel treiben, was seinen Status in Ostasien erheblich erhöhte.

598 kommt es durch Plünderungen Koguryŏs in Liao-hsi zu mehreren Feldzügen Sui-Chinas gegen Koguryŏ. Der erste Feldzug Chinas mit 300'000 Mann scheitert an anhaltenden Regenfällen und Seuchen. Das angreifende Paekche wird ebenfalls von Koguryŏ zurückgeworfen. Koguryŏ auf seiten der Türken, die an Chinas Grenzen im Nordwesten stehen, ist aber ein gefährlicher außenpolitischer Faktor, der ausgeschaltet werden muß. 612 unternimmt deshalb Kaiser Yang-ti einen neuerlichen Feldzug und überschreitet mit 1'130'000 Mann den Liao-Fluß, gleichzeitig auch 300 Schiffe aufbietend, die am unteren Taedong-Fluß landeten. Die Flotte wurde zerstört, und der Armee gelang es nicht einmal, eine einzige Festung einzunehmen. 305'000 Mann Verstärkung wurden im Ch'ŏngch'ŏn-Becken aufgerieben und nur 2'700 Soldaten entkamen. Erst im 4. Feldzug muß sich das erschöpfte Koguryŏ 614 Kaiser Yang-ti unterwerfen, wird aber durch den Wechsel der Sui- zur T'ang-Dynastie im Jahr 618 vor gravierenden Auswirkungen behütet. Hingegen trugen die verlustreichen Kriege mit Korea wesentlich zum Sturz der chinesischen Sui-Dynastie bei.

645 unternimmt T'ang-China einen neuerlichen Feldzug gegen Korea, der jedoch auf dessen erbitterten Widerstand stößt, die Provinz Liao-tung jedoch wieder an China fallen läßt.

Nach einem Angriff Koguryŏs auf Silla ruft dieses das T'ang-Reich zu Hilfe, das der Bitte auch nachkommt. Sich der verlustreichen Kämpfe gegen Koguryŏ erinnernd, beschließen die Chinesen, Koguryŏ von Norden und Süden in die Zange zu nehmen, landen überraschend mit 130'000 Mann am Unterlauf des Kŭm-Flusses und nehmen, unterstützt von Silla, Paekches Hauptstadt Sabi am Kŭmgang ein. Japan greift auf Seite Paeckches, mit dem es ein Freundschaftspakt verbindet, in den Kampf ein. Es schickt einen Sohn des letzten Königs Paekches, Puyŏ P'ung, der sich in Japan aufgehalten hatte, nach Paekche, wo er zum König proklamiert wird und mit japanischer Hilfe die Chinesen in Bedrängnis bringen kann. Puyŏ P'ung kann seine Streitmacht noch durch Truppen aus Koguryŏ und Japan verstärken. Ferner landet eine große japanische Flotte. Es kommt zu einer Entscheidungsschlacht, bei der 400 japanische Schiffe zerstört werden und Paekche eine verheerende Niederlage erleidet.

Dem T'ang-Kaiser Kao-tsung gelingt es im nachfolgenden Kampf gegen Koguryŏ, dessen Hauptstadt einzuschließen, er muß aber die Belagerung vorzeitig abbrechen, weil die Truppen an anderer Stelle benötigt werden. Einem gemeinsamen Angriff Sillas und des T'ang-Reiches zu Land und zur See unterliegt 668 aber Koguryŏ nun endgültig, und sein Gebiet wird unter chinesische Militärverwaltung gestellt.

Die Silla-Zeit (668–935)

Koguryŏ war nun also besiegt und Paekche ebenfalls. China ging nun daran, das mit Sillas Hilfe eroberte Gebiet in zwei Militärverwaltungsgebiete zu teilen, deren eines den Sitz in Pyŏng-yang, das andere ihren in Paekches Hauptstadt Sabi hatte. Die Bevölkerung der ehemaligen Staaten Paekche und Koguryŏ setzte jedoch trotz des Unterganges ihrer Staaten den Widerstand gegen die T'ang-Armee fort und wurde vom ehemaligen Verbündeten Chinas, Silla, unterstützt, dessen Ziel es war, die Halbinsel zu einen und die Chinesen außer Landes zu treiben. Es gibt einige Zusammenstöße mit den T'ang, 676 gelingt es aber Sillas König Munmu (661–681), die Chinesen auf die Liao-tung-Halbinsel zurückzudrängen. Silla kann nun von der gesamten koreanischen Halbinsel bis zur Höhe des Taedong Besitz ergreifen. China erhob zwar noch bis 735 n. Chr. Ansprüche auf dieses Gebiet, erkannte aber dann den Status quo an.

Nachdem Pyŏng-yang den T'ang-Truppen 668 erlegen war, können Koguryŏ-Flüchtlinge die momentane Schwäche Chinas ausnützen und unter dem Koguryŏ-General Táe Cho-yŏng zusammen mit dem tungusischen Volk der Malgal in der Mandschurei einen vereinten Staat aufrichten, den sie zuerst Chin, 713 aber Palhae nannten. Die halb-nomadischen Malgal bildeten dabei das gewöhnliche Volk, während die herrschende Klasse aus den Reihen der Koguryŏ-Bevölkerung kam, die eine aristokratische Kultur ins Leben rief.

Palhae hielt die T'ang gegen Westen in Schach und brachte unter der Regierung des Königs Mu die ganze Mandschurei an sich.

China versuchte mehrmals, Palhaes Macht zu brechen, indem es den zu den Malgal gehörenden Hŭksu-Stamm anstiftete, sich gegen König Mu zu erheben, dann gar gemeinsam mit Silla Palhae von Süden und Osten her angriff. Palhae hielt den Angriffen aber stand. Es kam zu einem Friedensvertrag mit China.

Die Hauptstadt Palhaes wechselte mehrmals, verblieb jedoch schließlich in Ning'an (koreanisch Yŏng-an). Ning'an wurde zusammen mit T'angs Chang-an, Sillas Kyŏngju und Japans Nara eines der vier großen kulturellen Zentren des Fernen Ostens.

Grabwächter
(Hornblende und Eisen mit Farbstoffspuren)
Paekche (frühes 6. Jahrhundert)
Aus der Grabstätte von König Munyŏng, Songsan-ni, Kongju, Provinz Süd-Ch'ungch'ŏng
Wurde in der Mitte des Korridors entdeckt, der zu König Munyong's Grabstätte führte. Diese Steinskulptur ist die erste ihrer Art, die in einer alt-koreanischen Grabstätte gefunden wurde.
Übernommen von der fantastischen Menagerie des früh mittelalterlichen Chinas (3.–6. Jahrhundert), ist diese kuhähnliche Kreatur mit feurigen Flügeln auf Schultern und Hüften ausgestattet. Eine einzelne, eiserne Geweihzacke ragt aus ihrer Stirn, auf ihren Lippen sind noch die Spuren von roter Farbe zu erkennen. Einige Kunsthistoriker glauben, daß dieses fabelhafte Tier eine koreanische Darstellung des von China her bekannten „himmlischen Hirschen“ (t'ien lu) *sein könnte.*

926 eroberten die Khitan, die später große Teile der Mandschurei und Nordchinas beherrschten, das Palhae-Reich. Viele der Koguryŏ-Oberschicht flohen nach Koryŏ, wie die neue Dynastie Koreas jetzt hieß, und führten so den Untergang der kulturellen Tradition Palhaes herbei.

Silla konnte durch Palhae als Pufferstaat zu China ohne äußere Feinde den Blick nach innen richten. Aus den sprachlich und ethnisch ungleichen Teilen konnte sich das koreanische Volk herausbilden. Das in Silla gesprochene Südkoreanische wurde Verkehrssprache und bildete die Grundlage der neukoreanischen Hochsprache.

Durch die große Erweiterung des Herrschaftsbereiches steht das Reich vor großen administrativen Problemen, die es durch Übernahme des chinesischen Verwaltungssystems löst. König Kyŏngdŏk (742–765) teilte das Land in neun Provinzen auf und diese wiederum in Präfekturen, Distrikte und Gemeinden. Hohe Amtsstellungen waren Angehörigen der alten Adelsklassen Sillas vorbehalten, deren durch Geburt bestimmte Ränge nach dem Kolp'um-System (Knochenrang-System) kastenartig voneinander abgeschlossen waren. Nur Angehörige der zwei höchsten Kasten, der Sŏng-gol (Heiliger Knochen)- und Chingol (Wahrer Knochen)-Kasten, hatten aber Anspruch auf den Thron.

Knochen haben in den Kulten Zentralasiens eine große Bedeutung, und wir treffen auch auf die Vorstellung einer Knochenseele. Bei den Altai-Turk-Stämmen findet dasselbe Wort „seok" für „Knochen" und „Sippe" Verwendung, und auch bei den Mongolen bedeutet das gleiche Wort „Knochen, Stamm, Geschlecht".

An diesem System ersehen wir, wie sehr das Verwaltungswesen, das von China übernommen worden war, koreanisiert wurde. Im T'ang-China wurden die Beamten in einem Prüfungssystem herausselektiert und zumindest in der Theorie konnte jeder, der die notwendige Bildung besaß, ein hohes Amt erlangen. In Silla jedoch wurden die Ämter je nach Kastenzugehörigkeit im Kolp'um-System vergeben, was Mobilität weitgehend verhinderte.

Der ehemalige Adel Paekches und Koguryŏs wird mit Amtsstellungen in den Provinzen abgefunden.

Die Bauernschaft bleibt unfrei wie in der vorhergehenden Samguk-sidae, der Zeit der Drei Reiche.

Der Buddhismus ist Staatskult und erfährt eine ungeahnte Förderung. Er beschert uns so bedeutende Kulturdenkmäler wie den Pulguksa- und den Sŏkkuram-Höhlentempel in Kyŏngju. Da die Zahl der Tempel aber ständig wächst und mit ihr die finanziellen Aufwendungen, wird der Bau neuer im Jahre 806 verboten.

Im Zusammenhang mit der Herausgabe und Kommentierung der konfuzianischen Schriften wird von koreanischen Gelehrten ein System, das Idu-System, entwickelt, das es erlaubt, koreanische Wörter phonetisch mit chinesischen Zeichen, deren koreanische Lesung festgelegt worden ist, zu schreiben.

Den Glanz und die Größe Kyŏngjus, der Hauptstadt, können wir auch erahnen, wenn wir die riesigen Tumuli der Silla-Könige betrachten. Diese kulturelle Blüte des Adels und der Geistlichkeit ist natürlich nur mit einer entsprechenden finanziellen Grundlage zu erreichen, die durch die Steuern der Bauern geschaffen wurde. Der zunehmende Steuerdruck verschlechtert deren Lage immer mehr.

Am Hofe kommt es zur Bildung von Adelsparteien, in denen sich mehrere Sippen unabhängig von ihrer Kolp'um-Zugehörigkeit zusammenschließen, das alte System aushöhlen und die Macht des Königshauses schwächen. Unter König Hyegong (765–780) erhoben sich Adelige gegen das erstarkte Königtum, und der König war gezwungen, die Reform von König Kyŏngdŏk, die das Regierungssystem dem der T'ang anglich und die Macht des Monarchen vermehrte, zu widerrufen. 780 wurde er von einem Mitglied des Kim-Clans ermordet, und das alte Kolp'um-System begann zusammenzubrechen. Es wurde von König Wŏnsŏng (785–798), dem zweiten Herrscher danach, durch ein anderes System, das Toksŏ-Samp'um-kwa, ersetzt, das den Grad der Kenntnis der konfuzianischen Schriften zur Grundlage für die Amtsvergabe machte. Dieses System wollte aber nicht recht funktionieren. Die Adelsparteien wetteiferten um den Königsthron, und die Zeit nach Hyegongs Tod bis zum Ende der Dynastie, 155 Jahre später, sieht 20 Könige auf dem Thron.

Die Rivalitäten am Hofe werden von lokalen Machthabern dazu genützt, die Kontrolle über eine Region zu erlangen. 822 rebelliert Kim Hŏn-ch'ang, der Militärgouverneur von Ungch'ŏn-jn, in der Ch'ungch'ŏng-Präfektur gegen die Zentralregierung und errichtet sein eigenes Königreich. Er wird allerdings bald von Regierungstruppen getötet.

In der zweiten Hälfte des 9. Jahrhunderts verschlimmert sich die Lage immer mehr. Die Bauern, deren Lage immer verzweifelter geworden ist, rotten sich mit Sklaven zu Räuberbanden zusammen, gegen die sich lokale Machthaber durch Zusammenschlüsse schützen, die aber bald zu starken regierungsfeindlichen Kräften werden.

Der Rebellenführer Kyŏnhwŏn übt seine Herrschaft in Kwangju über das Chŏlla-Gebiet und Teile von Kyŏngsang aus.

Im Nordosten des Landes hat der Banditenführer Yanggil eine Machtposition aufgebaut. Seinem Mitstreiter, Kung-ye, einem ehemaligen Mönch, gelingt es aber, die Führung zu übernehmen und die Regionen Kangwŏn und Kyŏnggi an sich zu bringen. Er ruft sich 901 zum König des späteren Koguryŏ aus. Seinen Staat nennt er Majin, später T'aebong.

892 hatte Kyŏnhwŏn den Staat Hu-Baekche (späteres Paekche) proklamiert und Wansan in der nördlichen Chŏlla-Präfektur zu seiner Hauptstadt gemacht.

Der Herrschaftsbereich Sillas reicht nicht mehr über Kyŏngju und dessen Umgebung hinaus.

Wanggŏn (877–943), ein Untertan des Kung-ye, hilft dem Nordstaat entscheidende Vorteile gegenüber dem Südstaat von Kyŏnhwŏn erringen. Er baut eine Flotte auf, die den direkten Handel mit China ermöglicht, Hu-Baekche aber davon abschneidet. 918 stürzt er den Kung-ye und besteigt den Thron T'aebongs, dessen Namen er in Koryŏ ändert. Die Hauptstadt wird von ihm nach Kaesŏng verlegt.

927 wird von Kyŏnhwŏn Kyŏngju angegriffen und König Kyŏng-ae getötet. An seine Stelle wird Kyŏngsun auf den Thron gesetzt. Dessen völlige Machtlosigkeit veranlaßt diesen aber, sich 935 Wanggŏn zu unterwerfen.

Bei einem Gespräch, das der ehemalige König Sillas und Wanggŏn haben, erzählt Kyŏngsun von den Greueltaten des Kyŏnhwŏn und soll den Koryŏ-König so gerührt haben, daß er über Kyŏngsuns traurige Worte weinen mußte. Er gab ihm seine eigene Tochter zur Frau und verlieh ihm das alte Gebiet um die Silla-Hauptstadt, der der Name Kyŏngju gegeben wurde. Es gibt nicht viele Fälle in der Geschichte, wo wir eine derartige Barmherzigkeit und Großzügigkeit vorfinden.

936 schlägt Wanggŏn Shin-gom, den Sohn des Kyŏnhwŏn, vernichtend und stellt die Einheit der Halbinsel wieder her.

Die Koryŏ-Zeit (918–1392)

Wanggŏn (Königsname T'aejo) war darauf bedacht, vorerst einmal das Land zu konsolidieren. Neben seinen Gefolgsleuten wurden deshalb die lokalen Machthaber mit hohen Ämtern bedacht, die alte Silla-Aristokratie aber ebensowenig vergessen. Sogar Kyŏnhwŏn, sein ehemaliger Hauptgegner, wird mit einem

Seite 33:
Ein Dolmen, Megalithgrab für Häuptlinge und hochgestellte Persönlichkeiten, auf der Insel Kanghwa. Typisch für die Bronzezeit. Der Deckstein mißt 710×550 cm. Ursprünglich waren die Dolmen mit einem Erd- oder Steinhügel bedeckt.

Seite 34:
Königsgräber im 152 000 m² großen Tumuli-Park in Kyŏngju.

Seite 35:
Die Technik des Glockengusses erreichte ihren Höhepunkt in der Silla-Periode. Diese Glocke aus dem 8. Jh. ist 3,07 m hoch und hat einen Durchmesser von 2,3 m. Um sie nach dem ersten Fehlguß zum Tönen zu bringen, soll der Legende nach ein dreieinhalbjähriges Mädchen beim zweiten Guß in die Schmelze geworfen worden sein. Da das Kind dabei nach seiner Mutter schrie, wird die Glocke „Emille" (altes Silla-Wort für „Mutter")-Glocke genannt.

Seite 36 oben:
Hier am Anap-chi (Wildgans- und Wildententeich) fand 936 die Übergabe Sillas an den ersten Koryŏ-Herrscher statt.

Unten:
Punhwang-sa-Pagode (7. Jh.; 9,3 m hoch) bei Kyŏngju. Nur drei der ursprünglich fünf oder sieben Stockwerke sind erhalten. Die „Ziegel" der Pagode sind zugeschnittene Steine. Wächterfiguren (kŭmgang-yŏksa) an den Toren. Als zusätzlicher Schutz an den Ecken des Sockels (13×13 m) haet'ae (Steinlöwenhunde).

Seite 37:
Taewang-am (Großer-König-Felsen), Unterwassergrab des Königs Munmu (661 bis 81), des bedeutendsten Silla-Herrschers. Etwa 35 km südöstlich von Kyŏngju. Munmu hatte den Wunsch geäußert, im Meer begraben zu werden, damit sein Geist als Meeresdrache das Land vor Eindringlingen zur See schützen könne. Der querliegende, etwa 4 m messende Stein, der unter Wasser zu sehen ist, markiert das Grab.

Seiten 38/39:
Grabmal des Königs Sejo (1455–68) in Kwangnŭng, Provinz Kyŏnggi-do. Das zwölfseitige Geländer um den Grabhügel symbolisiert den Tierkreis. Die fünfseitige mit Ziegeln gedeckte Mauer wird nach hinten zu höher, um das Grab vor bösen Einflüssen von hinten zu schützen.

Seite 40:
Wächtergestalten am Grab des Königs Sejo: Steinerne Militär- und Zivilbeamte; hinter ihnen deren Pferde. Schaf und Tiger verkörpern die gegensätzlichen Temperamente (yin und yang).

Seite 41:
Denkmal König Sejongs (1419–50), des Erfinders der koreanischen Buchstabenschrift Hangŭl, im Tŏksu-Palast in Sŏul.

Seite 42:
Taechanggyŏngp'an-gak, die Bibliothek des Haein-Tempels am Kaya-Berg, Provinz Kyŏngsangnam-do. Auf 81'258 im 13. Jh. geschnitzten Platten (je 23×67 cm, etwa 6 cm dick) lagern hier die gesammelten heiligen Schriften des Buddhismus. Sie sollten das Land schützen helfen, erwiesen sich aber nicht imstande, die bis 1356 in Korea herrschenden Mongolen aus dem Lande zu vertreiben.

Seite 43:
Tol-mirŭk (auch tol-harubang genannt) haben keine Ähnlichkeit mit dem gleichnamigen Mirŭk-(Maitreya-)Buddha. Sie sind schamanistischer Abkunft und haben Abwehraufgaben. Siehe auch Frontispiz.

Seite 44:
Ch'ŏmsŏng-dae in Kyŏngju. Gilt als ältestes noch bestehendes Observatorium Ostasiens. Höhe: 9,17 m, Bodendurchmesser: 5,17 m, oberer Durchmesser etwa 2,5 m. 647 aus Granit errichtet.

세종대왕상

大方廣殿

Lehen ausgestattet. Durch die Heirat mit einer Frau aus dem königlichen Clan Sillas (wenn sie auch nur eine von sechs Königinnen und 23 Ehefrauen war, von denen etliche aus der Provinz stammten) erreichte T'aejo (918–943) eine Art Legitimation seiner Herrschaft, und seine Großzügigkeit dem früheren König Sillas gegenüber wurde auch sehr positiv aufgenommen.

Das Regierungssystem wurde, wie schon das Sillas, dem T'ang-Reich entlehnt, aber das Kastenrangwesen Sillas durch einen Amtsadel ersetzt. Nichtsdestotrotz war die Koryŏ-Gesellschaft aber weiter stark statusdenkend und wies strikte Klassenunterscheidungen auf. Ein Auslesesystem nach chinesischem Muster, Kwagŏ genannt, das diejenigen für die höchsten Ämter ermitteln sollte, die die chinesische Literatur und die konfuzianischen Klassiker am gründlichsten kannten, sorgte zwar für den nötigen Wettbewerb, aber wiederum nur innerhalb der herrschenden Schichten, da für die anderen der Zugang in der Praxis nicht gegeben war.

Trotz der Bedeutung des Konfuzianismus als Auslesekriterium für Regierungsämter, war die ganze Koryŏ-Zeit doch vom Buddhismus geprägt, der einen großen Aufschwung nahm. Der Konfuzianismus hatte eine gelehrte Aristokratie hervorgebracht, die ihre Doktrinen zur Rechtfertigung ihres Konservatismus benützte, entbehrte aber der philosophischen Tiefe und wurde hierin vom Buddhismus ausgestochen. Gefördert vom Königshaus und Adel, ausgestattet mit Ländereien, die die Klöster durch Geldverleih und andere wirtschaftliche Aktivitäten noch erweiterten, erwarb sich der buddhistische Klerus einen beträchtlichen politischen Einfluß. Weil gar zu viele Bauern ihrer Not durch Eintritt ins Kloster entfliehen oder lieber die steuerfreien Klosterländereien bewirtschaften, muß dem schließlich aber durch Gesetzesregelung Einhalt geboten werden.

Um das Los der Bauern zu lindern, wurde der Steuersatz auf ein Zehntel der Produktion reduziert. Da T'aejo aber auf die Einnahmen der lokalen Machthaber und Adeligen angewiesen war, mußte er ihnen Freiheiten bei der Ausbeutung der Pächter und Sklaven einräumen, wollte er nicht ihre Loyalität verlieren; so war sein Spielraum für erleichternde Maßnahmen nicht groß.

An der Grenze im Norden Koryŏs beginnt es unruhig zu werden, die Khitan, die ihren Stammesverband zu einem zentralisierten Staat ausbilden konnten, drängen nach Süden. Palhae, das Nachbarreich Koryŏs, fällt 926, und die sich nun Liao nennenden Khitan bekommen Lust auf das Territorium Koryŏs. Ferner hegen sie Mißtrauen gegenüber Koryŏ, das sowohl mit den Fünf Dynastien (907–960), als auch mit dem nachfolgenden Sung-Reich (960–1279) gute Beziehungen pflegt. Sie unternehmen mehrere Angriffe gegen Koryŏ, darunter einen mit 400'000 Mann im Jahr 1010, den der Liao-Kaiser Sheng-tsung persönlich anführt und der zum Fall der Hauptstadt Kaegyŏng (=Kaesŏng) führt. König Hŏnjong kann jedoch flüchten. Die Liao werden bei ihrem Rückzug empfindlich dezimiert. Ein neuerlicher Angriff der Liao endet mit deren fast vollkommener Aufreibung – von 100'000 Mann überleben nur ein paar Tausend. Daraufhin werden friedliche diplomatische Beziehungen unterhalten.

Weil nun aber die tungusischen Ju-chen im Norden für Unruhe sorgen, errichtet Koryŏ einen großen Wall an seiner Nordgrenze, der von der Mündung des Amnok bis Toryŏnp'o an der Ostküste reicht. Bis zum Einfall der Mongolen kehrt nun Ruhe ein.

Durch die Schwäche der Nachfolger des Wanggŏn war die Macht schon unter König Hŏnjong (1013–1031) in die Hände des Amtsadels übergegangen. Das Steuer wird zuerst von der Ch'oe-, später von der Yi-Sippe in der Hand gehalten, die durch Einheiratung ins Königshaus ihre Stellung bis zur Mitte des 12. Jahrhunderts halten können. Der Amtsadel kann seine Position auch dadurch stärken, weil es ihm gelingt, die vorher auf Lebenszeit vergebenen Lehen in Erbbesitz umzuwandeln. Er wetteifert mit dem buddhistischen Klerus um Landbesitz.

Ein anderes Problem erwuchs daraus, daß die Zivilbeamten im Laufe der Zeit gegenüber den Militärbeamten bevorzugt wurden, die man immer weniger zu Regierungsgeschäften heranzog. Die Lehen der Militärbeamten waren zudem kleiner als die ihrer zivilen Kollegen gleichen Ranges und nicht vererbbar.

König Ŭijong (1146–1170) beachtete die sich häufenden Klagen der Militärbeamten aber nicht. Als bei einer der zahlreichen Vergnügungen des Ŭijong ein Zivilbeamter zum Spaß den Bart des Generals Chŏng Chong-bu mit einer Kerze anzündete, war hiermit das Faß zum Überlaufen gekommen. Der General nutzte die Gelegenheit eines Ausfluges des Königs und läßt viele Zivilbeamte niedermetzeln, der König selbst wird nach Kŏje-do verbannt.

Durch die Entmachtung des Königshauses und Schwächen bei der in Verwaltungsdingen unerfahrenen Militärregierung kommt es zu Aufständen von Bauern und Leibeigenen, deren viele durch Verschuldung infolge hoher Steuerabgaben im Status herabgesunkene Bauern waren. Der letzte große Bauernaufstand wird 1194 niedergeschlagen, kleinere Unruhen setzen sich aber bis ins 13. Jahrhundert fort.

Ch'oe Ch'ung-hŏn, der die Gewalt in der Hauptstadt erlangt, kann die Fehden der Militärs beenden. Er setzt Myŏngjong (1171–1197) ab und dessen jüngeren Bruder Sinjong (1198–1204) ein, der aber ebenso wie seine Nachfolger keine Möglichkeit hat, in die Staatsgeschäfte einzugreifen. De facto regiert die Ch'oe-Familie relativ unangefochten bis 1258.

Teils aus Notwendigkeit, um die mangelnde Verwaltungserfahrung der Militärs auszugleichen, teils aus politischen Gründen wurden aber schon unter Ch'oe U (1218–1249), dem Nachfolger Ch'oe Ch'ung-hŏns, wieder Zivilbeamte mit Regierungsgeschäften betraut. Verbindungen der beiden Gruppen durch Heirat folgten. Dies veranlaßte einige Militärs, sich gegen die Ch'oe-Familie zu erheben, jedoch erfolglos. Um die Militärbeamten in Grenzen halten zu können, begann die Ch'oe-Sippe daraufhin, die Zahl der Zivilbeamten zu erhöhen.

Um 980 hatten die Khitan den chinesischen Staat Liao errichtet und begannen die Ju-chen am Mittellauf des Yalu anzugreifen, denen es erst 1114 gelang, die Liao-Armee zu besiegen und den Untergang des Staates herbeizuführen. Sie errichteten die Chin-Dynastie, die sich auch ganz Nordchina einverleiben konnte und Koryŏ zum Abbruch der Beziehungen mit der südlichen Sung-Dynastie (1127–1279) zwang.

Ein Jahrhundert danach strömen die Mongolen aus Zentralasien nach China und in die Mandschurei und drängen die Khitan auf die Halbinsel ab. Koryŏ verbündet sich gegen die Bedrohung durch die Khitan mit den Mongolen, die deshalb für die erfolgte Waffenhilfe Tribut fordern und seit 1219 auch erhalten. Als 1224 von den zahlungsunwilligen Koreanern eine mongolische Gesandtschaft ermordet wird, hindern nur interne Angelegenheiten (Tod des Dschingis-Khan 1227) die Mongolen an sofortigen Vergeltungsmaßnahmen. Diese erfolgen aber im Jahre 1231. Die Mongolen überschreiten im Herbst den Amnok-Fluß und nehmen im Winter die Hauptstadt Kaesŏng ein. Der König und dessen Regent Ch'oe U müssen sich ergeben und hohen Tributzahlungen zustimmen. 72 mongolische Militärgouverneure bleiben mit Besatzungssoldaten im Land.

In der Regierung werden Stimmen laut, die Hauptstadt auf die Insel Kanghwa zu verlegen, um Guerillatätigkeiten gegen die Mongolen unternehmen zu können. Diese wäre dann vor den über keine nennenswerte Kriegsflotte verfügenden Mongolen geschützt.

Die Mongolen überrannten das Land mehrere Male, plünderten die Städte und verschleppten 1254, so wird berichtet, 200'000 Bauern als Kriegsgefangene. Sie konnten daran von der isolierten und hilflosen Regierung auf Kanghwa nicht gestört werden, erfuhren aber gelegentlich stärkere Behinderungen durch Freischärler, zu denen auch Mönche zählten. Viele Kulturdenkmäler wurden in dieser Zeit zerstört und zahllose Kunstwerke vernichtet oder geraubt.

Kundika
(Bronze mit Silber eingelegt)
Koryŏ (11.–12. Jahrhundert)
Vermutlich aus der Gegend von Kaesŏng, Provinz Kyŏnggi
Dieser Behälter ist ein außergewöhnlich schönes Exemplar eines mit Silber eingelegten Bronze-Kundikas. Hauchdünne Drähtchen aus legiertem Silber zeichnen kleine Wolkengebilde am Hals und eine friedliche Herbstlandschaft am Bauch des Gefäßes. Die herbstliche Szene zeigt überhängende Trauerweiden, schwimmende Enten im Schilf, Fischer und auffliegende Gänse. Auch die Zubehörstücke und der Ringfuß sind aus Silber. Der Kundika ist ein langhalsiger, doppelschneppiger Behälter, der bei buddhistischen Ritualen gebraucht wird. Die Form stammt aus Indien, gelangte während der T'ang-Dynastie *(618–906 n. Chr.) nach China und erreichte schließlich auch Korea und Japan. Durch die bedeckte Schneppe an der Seite wird eingefüllt, die obere Schneppe dient zum Ausgießen.*
Eingelegte Bronzearbeiten waren während der späten Chou-Dynastie *sehr populär und wurden besonders in der* Koryŏ-Periode *in Korea Mode. Die Popularität der Einlegetechnik während der Koryŏ-Periode beschränkte sich nicht nur auf Keramik- und Metallobjekte, auch bei Lackgegenständen wurden Schalenstücke von Schildkröten und Silberdrähte eingelegt.*

1258 bauen die Mongolen Landungsboote, um die Hauptstadt auf Kanghwa-do einzunehmen. Es kommt zu einem politischen Zwist am Hofe, in dessen Verlauf der Ch'oe-Regent getötet wird und König Kojong vor den Mongolen kapituliert und seinen Sohn als Geisel in die Mongolei schickt. Nach dem Tode des Königs wird der Kronprinz ehrenvoll nach Korea entlassen und besteigt als mongolischer Vasall unter dem Namen Wŏnjong den koreanischen Thron. Mongolische Residenten überwachen die Regierungspolitik. 1270 wird die Hauptstadt wieder nach Kaesŏng verlegt.

Die wirtschaftliche Lage Koreas ist fatal. Korea muß hohe Tributzahlungen leisten, die aus Gold, Silber und verschiedensten Produkten bestehen, ja auch durch ein eigenes Amt ausgewählte hübsche Mädchen und Frauen umfassen, von denen einige bekannte Kurtisanen am Kaiserhof der nun mongolischen Dynastie in Peking werden. Außerdem hatte Korea die Hauptlast für die mißglückten Japan-Expeditionen Kubilai-Khans im Jahre 1274 und 1281 zu tragen. Es mußte Hunderte von Schiffen bauen, diese bemannen und dazu noch ein Truppenkontingent stellen. Auch für den Proviant hatte es Sorge zu tragen.

Im Gegensatz zur Lage des Volkes gestalten sich die Beziehungen auf Regierungsebene weniger problematisch. Ch'ungnyŏl (1275–1308), der Nachfolger von Wŏnjong, heiratet eine Tochter Kubilai-Khans, wodurch die Macht des koreanischen Königshauses wesentlich gestärkt wird. Auch seine Nachfolger finden an mongolischen Prinzessinnen Gefallen, residieren schließlich am mongolischen Yüan-Hof (Yüan-Dynastie, 1260–1368) in Peking und überlassen die Verwaltung den mongolischen Beamten.

Kenntnisse aus Astronomie, Medizin, Mathematik, Kalenderwissenschaften kommen durch die Mongolen nach Korea, und auch die Baumwolle wird durch sie eingeführt. Sogar der Hanbok (koreanische traditionelle Kleidung) in seiner heutigen Form geht auf die Mongolenzeit zurück, in der diese Kleidung in Korea als chic galt.

Unter König Kongmin kam es auf dem chinesischen Kontinent zu Unruhen, die den Niedergang der mongolischen Yüan-Dynastie Chinas auslösten. Der Aufstand der Rotturbane, in der Mehrheit von rebellierenden Bauern getragen, macht den Yüan schwer zu schaffen. 1354 wird auf Aufforderung der Yüan ein Expeditionskorps Koryŏs zur Hilfe ausgeschickt, das mit Nachrichten über die Lage auf dem Kontinent zurückkommt, die König Kongmin veranlassen, eine Yüan-feindliche Politik zu betreiben, die Yüan-Aufsichtsbehörde in Koryŏ zu schließen und die Mongolenherrschaft abzuschütteln.

1359 und 1361 fallen die Rotturbane auch in Korea ein und verwüsten beim zweiten Mal sogar die Hauptstadt Kaesŏng. Mit Unterstützung der Bevölkerung werden sie aber schließlich zurückgeschlagen.

Als 1368 die chinesische Ming-Dynastie gegründet wird und sich gegen Yüan wendet, bahnt Koryŏ sofort diplomatische Beziehungen mit ihr an und anerbietet Hilfeleistungen.

Durch die Ermordung Kongmins 1374 kommt aber die mongolenfreundliche Partei an die Regierung, die mit den bereits aus China verdrängten Yüan Kontakt aufnimmt. Die Ming, eine Allianz zwischen den Yüan und Koryŏ befürchtend, drängen auf Abtretung der nördlichen Gebiete Koreas, und General Ch'oe Yŏng, führende Kraft in der Regierungspartei, entschließt sich 1388 zu einem Feldzug nach Liao-tung, der in Anbetracht der chinesischen Übermacht natürlich zum Scheitern verurteilt ist. Die beiden Generäle, die ihn anführen sollen, sind Yi Sŏnggye und Cho Min-su. Yi Sŏnggye hatte zuvor seine Einwände gegen das Unternehmen geltend gemacht, war aber überstimmt worden. Als er den Yalu erreicht, hatten sommerliche Regenfälle, Fahnenflucht und Krankheiten die Truppenstärke schon reduziert, und Yi, der keine Aussicht auf Erfolg sieht, entschließt sich mit Billigung des anderen Generals, die Truppen gegen die eigene Hauptstadt zurückzuführen.

Es wird berichtet, daß Yi den Traum hatte, sehr unbequem über drei Querbalken ausgestreckt zu liegen, die einigen Abstand voneinander hatten. Als er seinen Traumdeuter beunruhigt fragte, wie denn dieser Traum zu verstehen sei, erhielt er zur Auskunft, das könne man nur so auslegen, daß er König werde. (Das chinesische Schriftzeichen für König besteht aus einem Längs- und drei Querstrichen: 王.) Wie sehr dieser Traum seinen Entschluß zum Putsch bestimmte, wissen wir freilich nicht.

Yi Sŏnggye leitet eine Landreform ein, die vom Kleinadel und den Militärs unterstützt wird. Die alten Landregister werden 1389 verbrannt und die Felder neu verteilt. Die Mitglieder des Königshauses und die Zivil- und Militärbeamten erhalten in der Nähe der Hauptstadt Felder (kwajŏn), die Soldaten in der Provinz Militärfelder (kunjŏn). Das Land beginnt sich wieder zu erholen.

König Kongyang wird gestürzt und später hingerichtet, Yi Sŏnggye, die Sympathie von Beamten, Soldaten und Bauern besitzend, inthronisiert. Damit endet 1392 die Koryŏ-Zeit und die von Wanggŏn begründete Wang-Dynastie.

Die Yi-Dynastie von ihrer Gründung bis zur japanischen Invasion (1392–1592)

T'aejo, der Gründer der neuen Dynastie, gab die alte Hauptstadt Kaesŏng auf und verlegte den Regierungssitz nach Hanyang, dem heutigen Sŏul.

Bei der Gründung einer neuen Dynastie war es üblich, die Hauptstadt zu verlegen. Sein Nachfolger, König Chŏngjong (1399–1400), verlegte zwar die Hauptstadt nach Kaesŏng zurück, seit T'aejong (1401–1418) bildet aber bis heute Sŏul die Hauptstadt.

König T'aejo erkennt die Oberhoheit des Ming-Kaisers T'ai-tsu an und erhält für sein Land den Namen Chosŏn, der an das Reich des Ki-ja anknüpft. Die Beziehungen zum großen Nachbarn waren in konfuzianistischer Weise derart geprägt, daß China den älteren und Korea den jüngeren Bruder darstellte, beziehungsweise sogar mit dem Verhältnis eines Kindes zu seinem Vater ein Vergleich hergestellt wurde. Fand man diese Haltung der Unterordnung in Korea auch zuweilen weniger stark ausgeprägt, so war sie doch, von der Warte Chinas aus, die der natürlichen Ordnung entsprechende ideale. Die fünf Beziehungen, die durch Über- und Unterordnung charakterisiert sind (König – Volk, Vater – Sohn, Ehemann – Ehefrau, älterer Bruder – jüngerer Bruder, Freund zu Freund) und deren Achtung die Ordnung der Familie und Gesellschaft sicherstellt, werden auf den zwischenstaatlichen Bereich ausgedehnt.

Der Buddhismus, dessen Klöster sich in der Koryŏ-Zeit eigene Privatarmeen gehalten hatten, mit denen sie sich an Unruhen beteiligten und dessen höhere Geistliche sich in Politik eingemischt hatten, wurde seiner Entartung in dieser Periode wegen, systematisch entmachtet. Privatarmeen werden generell abgeschafft und eine Landesarmee auf der Grundlage der Wehrpflicht geschaffen. Die Klöster, die sich riesige Ländereien erworben hatten, die sie von Sklaven bewirtschaften ließen, mußten große Teile ihres Grundbesitzes abgeben. Die Klostersklaven wurden zusammen mit denen der ehemaligen Grundbesitzer befreit und Maßnahmen gegen den Eintritt in den Mönchsstand sowie den Neubau von Tempeln werden ergriffen. Die Steuerfreiheit der buddhistischen Klöster wurde schon unter der Regierung von T'aejo abgeschafft, eine strenge Trennung von Kirche und Staat erfolgt unter König Sejong (1419–1450). Nach mehreren Reformen, in denen die Zahl der Tempel immer weiter reduziert wird, gibt es 1424 bloß 36 mit 3'700 Mönchen. Von diesem Schlag hat sich der Buddhismus nie mehr erholt.

Der Konfuzianismus wurde als Staatskult fest etabliert. Ein Prüfungssystem sorgte, wie schon in der vorangehenden Zeit, für die Auslese der Beamten, der

Yangban (= die beiden Gruppen: eine zusammenfassende Bezeichnung für Zivil- und Militärbeamte), die aber nur aus der oberen Schicht rekrutiert wurden.

Der Lebensstandard verbessert sich durch die Landreform, verbesserte Bodenbearbeitungsmethoden, die Erschließung neuer Rohstoffe und ein qualitatives und quantitatives Wachstum der handwerklichen Produktion merklich. Der Handel mit dem Ming-Reich, in das auch die jährlichen Tributgesellschaften abgehen, blüht.

Eine kulturelle Großtat von König Sejong, der von vielen als der bedeutendste koreanische König angesehen wird, ist die Entwicklung der Hangŭl-Zeichen, einer Buchstabenschrift, die es ermöglicht, die Lesung der chinesischen Schriftzeichen genau wiederzugeben und auch leicht erlernbar ist, so daß sie für breitere Volksschichten geeignet ist. Sie wird heute mitunter ausschließlich verwendet.

Sejong brachte auch den Handel mit Japan nach einer Strafexpedition (1419) gegen die japanischen Piraten, die die Küste Koreas unsicher gemacht hatten, in Gang. Nach seinem Tod kommt es zu Machtkämpfen am Königshof, denen erst Sejo (1456–1468) ein Ende setzte. Um die Macht der Beamten zu verringern, setzt er einige einschneidende Maßnahmen. Die erblich gewordenen Feldlehen ersetzt er durch Amtsfelder (chikchŏn), von deren, dem Staate zufließenden Erträgen die Beamten bezahlt werden. Ein Aufstand, geführt von Yi Si-ae, einem Vertreter des um seinen Grundbesitz besorgten Landadels, kann erst nach harten Kämpfen niedergeschlagen werden.

Sejo unterstützt den Buddhismus als Gegengewicht zur konfuzianischen Beamtenschaft und läßt sogar einen buddhistischen Tempel in der Hauptstadt, den Wŏngaksa, erbauen.

Um die Streitkräfte bei Revolten der mit seiner Reform Unzufriedenen auf seiner Seite zu haben, förderte er gezielt das Militär.

War unter Sejo so das Königtum bedeutend gestärkt worden, so schlug das Pendel unter König Sŏngjong (1470–1494), einem überzeugten Konfuzianer, wieder zurück. Felder werden reichlich an gunstgenießende Beamte vergeben; Beamte werden mit steuerfreien Feldern ausgestattet, so daß der private Grundbesitz sich stark vermehrt, die Ausbeutung der Bauern wächst und Unruhen zunehmen.

Sŏngjong hatte auch die konfuzianischen Hoch- und Provinzschulen gefördert, so daß auf den Besitzungen der Beamten konfuzianische Privatschulen entstehen, deren Absolventen in die Hauptstadt strömen, wo es zu Zusammenstößen mit dem alten Beamtenadel kommt.

König Yŏnsangun (1459–1506), dem die Intoleranz der Konfuzianisten – nicht zuletzt seines ausschweifenden Lebens wegen – verhaßt war, wendet sich gegen diese, sich dabei auf den alten Verdienstadel stützend. Es ergeben sich Auseinandersetzungen zwischen der konservativen Partei unter YuCha-gwang und dem aus der Provinz stammenden Vertreter der konfuzianischen Partei, Kim Chong-jik. Die konfuzianische Partei unterliegt.

Yŏnsangun, der nicht zuletzt aus Opposition zu den chinesisch gebildeten Konfuzianisten, die Hangŭl-Zeichen stark propagierte, wurde nach einigen Jahren anderer Meinung, als Hangŭl-Flugblätter auf den Straßen auftauchten, ja sogar seinen Lieblingsfrauen und -gespielinnen zugeschanzt wurden, die seine Regierung anprangerten und auch seine Liebesaffären zum Inhalt hatten. Den Vorteil, der nur für Gebildete lesbaren chinesischen Zeichen so erkennend, verbot er die Hangŭl, die sich später freilich trotzdem durchsetzte, und ließ sogar Schriften in Hangŭl vernichten.

Nach dem Sturz des Yŏnsangun setzen sich die Machtkämpfe zwischen den Konservativen und Konfuzianern bis weit ins 16. Jahrhundert fort.

Durch die unruhige Lage am Hofe bedingt, hatten sich viele Konfuzianisten in die Provinz zurückgezogen, wo sie konfuzianische Schulen gründeten. Unter der Regierung von König Sŏnjo (1568–1608) gibt es 124 konfuzianische Akademien. Der Konfuzianismus erhält dadurch eine Verbreitung im ganzen Land, was ihm endgültig zum Sieg verhilft.

Allerdings sind mit der Ausbreitung auch Probleme verbunden. Es kommt zu Zwistigkeiten zwischen den einzelnen Schulen und zu Machtkämpfen, aus denen mal die eine, mal die andere Gruppe siegreich hervorgeht. Die Spaltung in verschiedene Lager führt am Hofe zu Parteikämpfen, die von 1575 an zwei Jahrhunderte die politische Landschaft am Hofe prägen. Das seiner Macht beraubte Königshaus vermag nicht, hier steuernd einzugreifen.

Die japanische Invasion im 16. Jahrhundert

Korea litt sehr unter den Raubzügen japanischer Piraten (zuletzt 1589), die sogar von vielen japanischen Daimyŏs (Feudalherren) Unterstützung erhielten. Erst Hideyoshi, der 1590 das in viele Feudalgebiete zersplitterte Japan wieder einen konnte, machte dem weitgehend ein Ende, indem er die Daimyŏs, in deren Gebieten Piraten angetroffen wurden, mit Sanktionen bedrohte. Teils um von den Folgen der vorangegangenen Bürgerkriege abzulenken, teils um militärisches Potential auf eine gemeinsame Aufgabe nach außen abzuführen, aber auch aus reiner Eroberungslust plant er eine Invasion Chinas. Appelle an Korea zur Mithilfe blieben erfolglos. So wurde 1592 der Befehl erteilt, zuerst Korea anzugreifen, das den Brückenkopf zu China bilden sollte.

Die Japaner landen am 23. Mai in Pusan und dringen, mit Luntenschloßgewehren bewaffnet, in wenigen Wochen bis Sŏul vor. Der König flüchtet in den Norden. Schließlich nehmen die Japaner auch Pyŏng-yang ein. Der König muß bis an den Yalu zurück und richtet dringende Hilferufe an den Ming-Hof. Ein chinesisches Korps, das die Japaner von Pyŏng-yang zurücktreiben soll, wird zersprengt und zeigt so den Chinesen, daß sie größere Anstrengungen mit stärkeren Kräften unternehmen müssen.

Die von den Generälen Konishi und Katō überrannten koreanischen Soldaten hatten sich inzwischen wieder erholen können, verstärkten ihre Gegenwehr, und auch der Widerstand der Bevölkerung nahm zu. Ferner hatte die nicht sehr gut ausgerüstete japanische Flotte, deren Schiffskommandanten mit den Gezeiten und Strömungen in den koreanischen Gewässern nicht vertraut waren und auch nicht sehr viel Kriegserfahrung zur See hatten, große Niederlagen hinnehmen müssen. Zu diesen großen Verlusten hatten auch wesentlich die von Admiral Yi Sun-sin befehligten „Schildkrötenschiffe" beigetragen, eisenverkleidete Schiffe, unter deren Deck die Besatzung vor Brandpfeilen und Kugeln sicher war.

Die Gesamtverluste durch Versorgungsschwierigkeiten, Krankheit und Widerstand der Bevölkerung beliefen sich auf etwa ein Drittel, und der Kampfgeist war nicht mehr so frisch wie zu Beginn.

Vor einer neuerlich entsendeten Armee muß der japanische General Konishi, der nur etwa 20'000 Mann gegen 50'000 Chinesen stellen kann, von Pyŏng-yang bis Sŏul zurückweichen. Sŏul wird von den zusammengefaßten japanischen Streitkräften gegen eine große chinesische Armee erbittert gehalten, auch Gegenangriffe werden geführt, doch den Generälen ist es klar, daß diese Kampfkraft nicht lange aufrecht erhalten werden kann, und es kommt auf Vorschlag der japanischen Generäle Katō und Konishi zu Waffenstillstandsverhandlungen, in denen die Japaner einem Abzug aus Sŏul zustimmen.

Japan zog sich im Mai 1593 in die südlichen Küstengebiete zurück.

Die Friedensverhandlungen mit China führten zu keinem Erfolg und Hideyoshi mobilisierte 1597 eine zweite Landungsarmee, die mit 150'000 Mann an Stärke etwa der ersten entsprach.

Die Japaner trafen diesmal schon auf vorbereitete Gegner, die Invasion kam nicht über die Kyŏngsang- und Teile der Chŏlla-Provinzen hinaus. Die japanische Flotte, zuerst bei Kŏje-do siegreich, erleidet mit zehnfacher Übermacht eine Niederlage bei der Insel Chindo und kann demzufolge keine Aktionen an der Westküste unternehmen. Bei der letzten Seeschlacht von Noryang im November 1598 trägt ebenfalls Korea den Sieg davon, Admiral Yi Sun-sin wird dabei aber tödlich verwundet.

Zu Lande werden die Kämpfe erbittert bis Oktober 1598 geführt, ohne daß aber die Japaner imstande gewesen wären, gegen die überlegenen Streitkräfte der Chinesen und Koreaner eine Gegenoffensive zu unternehmen. Die Nachricht von Hideyoshis Tod führt zur Einstellung der Kämpfe und zum Abzug.

Die japanischen Feldzüge hatten in Korea schwerste Verwüstungen angerichtet, einen Bevölkerungsrückgang bewirkt und den Verlust vieler Kunsthandwerker zufolge, insbesondere Töpfer, die nach Japan verschleppt worden waren und dort diesen Kunstzweig zur Blüte brachten. Der Anteil des bebaubaren Landes war auf ein Drittel des Vorkriegsstandes gesunken, und dem damit verbundenen Einnahmeausfall, der gerade in dieser Zeit des Wiederaufbaues besonders zu Buche schlägt, versucht die nach wie vor in Parteikämpfe verstrickte Regierung durch Steuererhöhungen zu begegnen.

Von der Mandschu-Invasion bis zum Kanghwa-Vertrag von 1876

Korea trägt noch schwer an den Folgen der zwei japanischen Feldzüge, als ihm bereits wieder eine neue Gefahr erwächst: die Ju-chen hatten sich 1583 unter Nurhachi zum Stammesverband der Mandschu vereinigt und nützten den Einsatz der chinesischen Truppen im Koreakrieg, Druck auf China auszuüben. 1619, auf Drängen der Ming, kommt Korea den Partnern im vorhergehenden Krieg mit einem Heer von 13'000 Mann zu Hilfe, die vereinigten Armeen müssen aber eine vernichtende Niederlage gegen die Mandschu hinnehmen. Korea wird in Anbetracht seiner Verpflichtungen gegenüber den Ming freier Abzug gewährt.

König Kwanghaegun, der gegenüber Bündnissen nun vorsichtig ist, erfährt deshalb Kritik und wird schließlich 1623 seines Amtes enthoben. Sein Nachfolger, König Injo (1623–1649), gehört der So-in-Partei an, die Ming-freundlich ist. Das ruft die Mandschu auf den Plan, die vor einem Feldzug gegen China sich zuerst die Flanke sichern wollen. 1627 fallen sie in Korea ein und veranlassen den König zu einem Friedensvertrag, der die Neutralität Koreas bei Kämpfen der Mandschu gegen das Ming-Reich feststellt und das Verhältnis zwischen Mandschu und Koreanern als eines von älterem und jüngerem Bruder festlegt. Den Versuchen seit 1632, das Verhältnis in das eines Untertanen zu seinem Herren umzuwandeln, und den Forderungen nach Tributzahlungen tritt Korea allerdings entgegen. 1637 muß es allerdings nach einem Feldzug der Mandschu, bei dem die Hauptstadt fällt, und nachdem der nach Kanghwa-do geflüchtete König gefangengenommen wird, das Vasallenverhältnis anerkennen, das offiziell bis 1894 besteht. Die Mandschu zeigen sich allerdings gnädig, reduzieren die Tributmengen immer mehr, bis sie im Ausmaß geringer als die ehemaligen Tributzahlungen an die Ming sind, und überlassen Korea völlig seine innerkoreanische Politik, die sich allerdings meist in konfuzianischen Parteikämpfen erschöpft. Auslöser für diese Parteikämpfe sind die Eifersucht hoher Beamter aufeinander, kleinliche theoretische Streitigkeiten über die konfuzianischen Schriften und Fragen der Etikette. Die Auseinandersetzungen führen aber mit ihrer engen Interpretation der Tradition durchwegs nicht zu neuen Ideen. Der Konfuzianismus steht als riesiges Fossil in der Bahn des Fortschritts.

Die Erfahrungen mit den japanischen Piraten und die vorangegangenen Invasionen der Japaner und Mandschu veranlassen Korea zu einer strikten Abschließungspolitik, von der nur die jährlichen Gesandtschaften nach Peking, gelegentliche an den Hof des japanischen Shōgun und der Handel mit Japan über Pusan eine Ausnahme darstellen. Mit Billigung der Mandschu wird eine breite Zone Niemandsland am Yalu geschaffen, 1715 auch eine ebensolche am Tuman. Das Verlassen des Landes wird mit Todesstrafe bedroht.

Das Volk verelendet im 17. Jahrhundert immer mehr. Neben dem Steuerdruck der Regierung tun Mißernten und Seuchen ein übriges. 1671 soll eine Hungersnot mehr Opfer als die japanischen Invasionen gefordert haben.

Der erstarrte Konservatismus der konfuzianischen Schulen rief mit der Zeit aber doch Kritiker auf den Plan, denen die Notwendigkeit sozialer und wirtschaftlicher Reformen bewußt geworden war. Im Konfuzianismus waren die Pflichten zwar immer wechselseitig angelegt – der Untertan hatte dem Herrscher gegenüber loyal zu sein, der Herrscher aber auch immer das Wohl des Volkes im Auge zu haben –, es wurden allerdings meist nur die Pflichten des sozial Tieferstehenden betont. Diese kritischen Gelehrten bildeten eine Bewegung heraus, die sich Silhak-p'a (Pragmatische Schule) nannte. Deren Vertreter gehörten meist der Nam-in-Partei an und waren in Opposition zu der meist tonangebenden Noron-Partei. Die Silhak-p'a kann unter den Unparteilichkeit zum Prinzip erhebenden Königen Yŏngjo und Chŏngjo richtig zur Entfaltung gelangen.

König Yŏngjo (1725–1776) kann die Parteienkämpfe am Hofe ein wenig eindämmen. Er verfügt Einsparungen, verbessert das Steuersystem, ermahnt die Yangban zu weniger aufwendigem Leben und verbietet in diesem Zusammenhang die Verwendung von Seide und Satin. Neben den Wissenschaften suchte er auch allgemein die Bildung des Volkes durch Verbreitung von Büchern in Hangŭl zu fördern. Sein Nachfolger, Chŏngjo (1777–1800), setzt die volksfreundliche und parteipolitisch ausgleichende Politik fort. Mit ihm endet aber die letzte Blüte der Yi-Dynastie, die hauptsächlich von den Gelehrten der Silhak-p'a getragen wurde.

Das Christentum findet um die Mitte des 18. Jahrhunderts erste Anhänger in Korea und wird vorerst besonders von Bauern und kleinen Beamten wohlwollend aufgenommen. Dies, zu sozialem Konflikt Anlaß gebend, und der Widerstreit der christlichen Lehre mit der Ahnenverehrung, die als Götzendienst galt, führten in erster Linie zur Verfolgung dieser Lehre. Die erste Verfolgung setzte 1791 ein, als zwei Konvertierte die bei der Ahnenverehrung verwendeten Ahnentafeln verbrannten. Trotz Verfolgungen steigt die Zahl der Katholiken und erreicht allmählich auch adelige Kreise. Die Verfolgungen tragen mit der Zerstreuung der Gläubigen auch in abgelegene Gebiete zur Verbreitung bei.

Teils um Handelsbeziehungen anzubahnen, teils um Rechenschaft für die Christenverfolgungen zu fordern, versuchen Franzosen, Russen und Amerikaner seit 1846 durch Entsendung von Kriegsschiffen mit der koreanischen Regierung Kontakt aufzunehmen. Diese bleibt allerdings bei ihrer Abschließungspolitik.

Die Furcht der Konfuzianer vor Europäisierung und die resultierende Fremdenfeindlichkeit verstärken sich durch die Machtdemonstrationen der westlichen Mächte vor der Küste Koreas. Die Abschließungspolitik wird unter der Herrschaft Taewŏnguns, der für den noch minderjährigen König Kojong (1864–1907) die Regierungsgeschäfte führt, noch starrer.

Als 1866 ein Kriegsschiff Rußlands vergeblich die Aufnahme von Handelsbeziehungen fordert und koreanische Christen Verträge mit Frankreich und England als Strategie gegen Rußland vorschlagen, kommt es zu blutigen Christenverfolgungen. Taewŏnguns Ziel ist es, Korea stark zu machen und es nicht in Abhängigkeit vom Ausland zu bringen. Demzufolge läßt er den Küstenschutz ausbauen. Aber auch politisch soll die Monarchie gefestigt werden: um das Ansehen des Königshauses zu heben, läßt er den Kyŏngbok-Palast wiederaufbauen, um dessen Einfluß zu vergrößern und den der Parteien auszuschalten, und die meisten konfuzianischen Akademien schließen. Besonders letzterem wegen, stößt Taewŏngun zunehmend auf Kritik und zieht sich 1873, nach der Großjährigkeit Kojongs von den Regierungsgeschäften zurück. Die Min-Partei, das heißt die Familie der Königin, erhält die Oberhand und leitet mit der Rückgängigmachung vieler Maßnahmen des Taewŏngun einen Kurswechsel der Politik ein.

Die Beziehungen mit Japan waren 1868 abgebrochen worden. Der Taewŏngun sah in der am Westen orientierten Reformpolitik der Meiji-Ära eine Gefahr für das eigene Land. Japan war verletzt, und als mehrere japanische Gesandtschaften ohne Erfolg zurückkehren mußten, wuchs in Japan die Bereitschaft zu einem militärischen Einschreiten in Korea, um so mehr als durch solche außenpolitische Maßnahmen von innenpolitischen Schwierigkeiten, die durch die Meiji-Restauration hervorgerufen wurden, abgelenkt werden konnte.

Als es 1875 zu einem Schußwechsel zwischen dem japanischen Kriegsschiff Unyō und koreanischen Küstenbatterien kommt, nimmt das Japan als willkommenen Anlaß zur Entsendung einer Delegation, die von zwei Kriegsschiffen begleitet wird. Diese kann am 27. Februar 1876 den Vertrag von Kanghwa abschließen, der Japan außer Pusan noch zwei weitere Häfen öffnet. Japan anerkennt die Souveränität Koreas.

Korea zwischen China, Japan und Rußland (1876–1904)

Der Vertrag von Kanghwa war ein Wendepunkt in mehrfacher Hinsicht. Nicht nur bedeutete er die Öffnung des Landes, die mit den zwangsweise folgenden Verträgen mit anderen Mächten eine Ausweitung erfuhr, es war auch der Konflikt Japans mit China vorprogrammiert worden, denn Japan hatte mit dem „souveränen" Korea verhandelt. China sah aber Korea nach wie vor unter seiner Oberhoheit stehend an, und daß Korea diese Sicht teilte, erkennt man daran, daß Korea, als ein französisches Geschwader vor der koreanischen Küste Rechenschaft für die Ermordung dreier Missionare fordert, die Franzosen an den für die außenpolitischen Belange Koreas zuständigen chinesischen Hof verweist. Man konnte so die Verantwortung abschieben, empfand die Abhängigkeit aber nicht als Einengung, da China ja der koreanischen Regierung jeglichen Freiraum in ihrer innenpolitischen Gestaltung ließ.

Die Öffnung des Landes für den Handel brachte Korea in wirtschaftliche und politische Schwierigkeiten. Billige Industrieprodukte strömen ins Land, ausländisches Kapital, vor allem japanisches, führt zu Verschuldungen, und der Export von großen Mengen Reis und Sojabohnen nach Japan verursacht ernste Probleme der koreanischen Bauern. 1890 ist die Situation derart, daß die koreanische Regierung trotz japanischer Proteste ein Verbot der Getreideausfuhr beschließen muß. Die Fremdenfeindlichkeit, insbesondere gegen die Japaner, wächst, der Ärger richtet sich aber auch gegen die eigene Regierung, die für die Zustände mitverantwortlich gemacht wird. Die Bauern lenken durch wiederholte Unruhen zwischen 1884 und 1894 die Aufmerksamkeit auf sich.

Die Min-Partei zeigt mehr Flexibilität in ihrer Politik als Taewŏngun. Sie stellt die Christenverfolgungen ein. Ferner wird, von Peking befürwortet, 1882 ein Freundschafts- und Handelsvertrag mit den USA abgeschlossen, später folgen ähnliche mit England, Deutschland, Rußland und Frankreich.

Durch den Vertrag mit den USA kamen Missionare scharenweise ins Land, welche eine Reihe von Schulen errichteten, die zu den modernsten ihrer Art gehörten und erstmals ein nicht durch östliche Länder vermitteltes Bild der westlichen Zivilisation gaben.

1882 kam es zu einer Militärrevolte von traditionell ausgebildeten Militärs, welche die höhere Besoldung der von japanischen Schulungsoffizieren nach europäischem Vorbild modern geschulten Soldaten zum Anlaß hatte. Die japanische Vertretung wird gestürmt und niedergebrannt, die Min-Partei von den Kräften des Taewŏngun gestürzt. Von der Min-Partei zu Hilfe gerufen, schickte Peking einige tausend Soldaten, die den Aufstand niederwarfen und die Min-Partei wieder einsetzten.

Die durch die Chinesen wieder zur Macht gekommene Min-Partei schwenkt von japanisch geprägten Reformen auf chinesischen Kurs um. Die Armee erhält chinesische Ausbilder. Für die Sicherheit Koreas bleibt eine Schutztruppe von 3'000 Mann im Land. Japans Vormachtstellung ist von China übernommen worden. Japan werden 500'000 Yen Entschädigung zugesagt, von denen Korea aber 1884 400'000 Yen erlassen werden.

Eine Gruppe um Kim-ok-kyun (1851–1893) und Pak Yŏng-hyo (1861–1939), die bei mehreren offiziellen Studiengesandtschaften die Fortschritte Japans in der Meiji-Zeit (1867–1912) erkennen und bestaunen konnte, ist aber überzeugt, daß Korea nur eine Loslösung von China und eine Modernisierung und Reform nach japanischem Vorbild helfen können. Als China in einem Konflikt mit Frankreich seine Schutztruppe auf 1'500 Mann reduziert, unternehmen sie einen Umsturzversuch, zu dem ihnen vom japanischen Ministerresidenten Takezoe (1841–1917), dem Leiter der japanischen Gesandtschaft, Hilfe zugesichert wird.

Der Staatsstreich wird für den 4. Dezember 1884 angesetzt. Nach erfolgtem, aber nicht lange erfolgreichem Coup d'Etat – das Reformkabinett bestand nur zwei Tage – flüchtet der König, oder besser gesagt, er wird entführt, vom Changdŏk-Palast in den Kyŏng-u-Palast, aus dem er aber am nächsten Tag wieder in den Changdŏk-Palast zurückkehren kann. Die „Flucht" des Königs ist notwendig, damit die japanische Gesandtschaftsschutztruppe den König – und mit ihm die Verschwörer – unter ihren Schutz stellen kann. Takezoe führt „zum Schutz" der königlichen Familie 200 Mann gegen den Palast. Bald trifft jedoch die chinesische Truppe ein, mit der ein kurzes Gefecht stattfindet, das mit einem anschließenden Rückzug der Japaner in ihre Gesandtschaft endet. Die allgemeine Aufregung und die Ungewißheit über den Aufenthalt des Königs treiben die koreanische Bevölkerung in Scharen auf die Straße, wo sie japanische Häuser und Geschäfte verwüsten und eine Anzahl Japaner töten. Takezoe ordnet die Evakuierung der Gesandtschaft an. Die Rebellen, die mit Takezoe nach Inch'ŏn geflohen waren, fuhren von dort ins Exil nach Japan ab.

Im Vertrag von Tientsin kamen Japan und China überein, ihre Truppenkontingente gleichzeitig aus Korea zurückzuziehen, auf die Entsendung von militärischen Ausbildern zu verzichten und die andere Seite im voraus von Truppenbewegungen nach Korea zu benachrichtigen. China gewinnt durch diesen Zwischenfall natürlich wieder sehr an Einfluß.

Von Moellendorf (1847–1901), der ehemalige deutsche Generalkonsul in Tientsin, der seiner Kenntnissse der internationalen Beziehungen wegen von den Chinesen als außenpolitischer Berater Koreas nach Sŏul beordert wurde – der erste Europäer mit einer so hohen Position in der koreanischen Regierung –, ist zur Überzeugung gelangt, daß China zu schwach ist, Japan in Schach zu halten und sieht in Rußland das Gegengewicht zu Japan. Als er mit Unterstützung einer rußlandfreundlichen Gruppe in der Regierung russische Ausbilder nach Korea holen will, wird er von China abberufen.

Ab 1860 gibt es in Korea eine von Ch'oe Che-u (1824–1864) gegründete Sekte, die rasch Einfluß gewinnt. Ch'oe Che-u war beeindruckt über die Art und

Weise, wie die westlichen Mächte nach dem Opiumkrieg dem großen China ihren Willen aufzwangen, und führte dies auf die Kraft des Christentums zurück, das er von einem Mandat des Himmels (ch'ŏnmyŏng) ableitete. So ein Mandat, folgerte er, könne aber auch von Menschen des Morgenlandes empfangen werden. Mit einer entsprechenden Lehre werde es auch ihnen möglich, eine solche Kraft, die aus dem reinen Herzen stamme, zu entfalten. Er nannte diese Lehre im Gegensatz zum Christentum, das als Sŏhak (westliche Wissenschaft) bezeichnet wurde, Tonghak (östliche Wissenschaft). Diese Lehre setzte sich synkretistisch aus Elementen des Christentums, Buddhismus, Konfuzianismus, Taoismus und Schamanismus zu einer organischen Einheit zusammen. Die Sekte schreibt Harmonie von Lehre und Politik auf ihre Fahnen und sieht auch die Veränderung des materiellen Systems als äußerst wichtig an. Die Tonghak wird bald ein Sammelbecken für unzufriedene Elemente.

1894 brachen in der Chŏlla-Provinz Bauernunruhen aus, die rasch um sich griffen und mit der Besetzung der Provinzhauptstadt Chŏnju endeten. Chŏn Pongjun (1853–1895), deren Anführer, setzte unter anderem folgende Reformziele fest: Bestrafung von korrupten Beamten, Zerstörung der Leibeigenenregister und des -systems, Erlaubnis der Witwenwiederverheiratung, Bestellung von Regierungsbeamten nach Verdienst und nicht nach Familienherkunft.

Nachdem die Regierungstruppen Niederlagen hatten hinnehmen müssen und Chŏnju an die Aufständischen gefallen war, entschloß sich der Hof, an dem die Min-Familie die Macht ausübte, zwar nicht unwidersprochen, aber doch zu einem Hilfeersuchen an die Chinesen, welche 2'000 Mann entsandten, die bei der Zerstreuung des Aufstandes mithalfen und den Regierungstruppen die Rückgewinnung von Chŏnju ermöglichten.

Diese Entsendung von Truppen, von der China Japan allerdings vereinbarungsgemäß benachrichtigte, wurde von Japan als Bruch des Vertrages von Tientsin angesehen, und Japan ordnet nun seinerseits Marinesoldaten nach Sŏul ab, die am 23. Juli den Königspalast in ihre Gewalt bringen und Taewŏngun zum Regenten bestimmen. Japanische und koreanische Truppen können bis Dezember des Jahres die aufständischen Tonghak-Rebellen aufreiben, vereinzelten Widerstand gibt es aber auch noch später.

Im Gefolge dieser Ereignisse kommt es am 25. Juli 1894 zum Ausbruch des Krieges mit Ch'ing-China, dem Ch'ong-il-chŏnjaeng (Krieg Ch'ing-Chinas mit Japan). Die Japaner erfechten überlegene Land- und Seesiege. Die Entscheidung bringt die Schlacht bei dem an der östlichen Spitze der Halbinsel Shantung gelegenen Wei-hai-wei, in der die chinesische Flotte vernichtet wird. Am 17. April 1895 wird der Frieden von Shimonoseki abgeschlossen. Auf Vermittlung von Rußland, Frankreich und Deutschland muß Japan die ihm von China abgetretene Liao-tung-Halbinsel und Port Arthur aber wieder herausgeben.

1894 hatten die Japaner schon die koreanische Regierung zu Reformen veranlaßt. Diese Kab'o-Reformen umfaßten eine Beendigung des Zivilbeamtenprüfungssystems, Verbot der Sklaverei, Verbot der Kinderehen, Umgestaltung des Steuer- und Geldsystems unter anderem. Der König verpflichtet sich zur Durchführung dieser Maßnahmen, stößt aber auf den Widerstand seiner anti-japanisch eingestellten Gemahlin, deren Gruppe jetzt pro-russisch ausgerichtet ist. Der japanische Gesandte Miura Gorō (1846–1926) will die Königin beseitigen lassen und sendet japanische Truppen gegen den Königspalast, die mit Unterstützung Min-feindlicher koreanischer Opposition am 8. Oktober 1895 in den Kyŏngbok-Palast eindringen, die Königin ermorden und mit Kerosin übergießen. Nur noch das Glied eines Fingers soll in der Asche gefunden worden sein.

Japan erlangt so Kontrolle über Korea, aber nicht für lange.

Im Februar 1896 kann der König mit dem Kronprinzen in Frauensänften aus dem von Japanern bewachten Kyŏngbok-Palast in die russische Gesandtschaft entfliehen, wo er um Asyl bittet. Er löst das pro-japanische Kabinett auf und er-

Seite 57:
P'alsang-jŏn, fünfstöckige hölzerne Pagode, 1624 errichtet, im Popchu-Tempel am Fuße des Songni-Berges. Pagoden haben ihr Vorbild im indischen Stupa, der über den sterblichen Überresten eines Heiligen oder Königs errichtet wurde. Pagoden waren in Korea ebenso wie Tempel Kultstätten und wurden von Königen und Königinnen mit Gebeten für das Wohl ihres Landes errichtet. Außer in der Silla-Zeit wurden in Korea vorwiegend Steinpagoden gebaut.

Seite 58 oben:
Eremitage im T'ongdo-Tempelkomplex (Provinz Kyŏngsangnam-do). Besonders reichhaltig dekorierte Buddhahalle mit schön geschnitzten Drachen im Gebälk.

Unten:
Bevor man einen Tempel betritt, hat man durch ein Tor zu gehen, das sach'ŏnwangmun (Tor der 4 Himmlischen Könige) genannt wird. Hier zwei der königlichen Wächter, der des Ostens (mit Laute) und derjenige des Südens mit dem Schwert.

Seite 59:
Sŏkkuram-Höhlentempel oberhalb des Pulguk-Tempels. Den Hauptbuddha (3,26 m hoch, mit Sockel knapp über 5 m, ein Meisterwerk asiatischer Skulptur) bildet Sŏkkamoni, der historische Buddha.

Seite 60 oben:
Stiegenaufgang zum Pulguk-sa (Buddhaland-Tempel, gegr. 751) in Kyŏngju.

Unten:
Pudo (Stupas) als Grabmäler der Mönche. In langen Reihen hinter den Tempeln. Oft steinlaternen- und glockenförmig.

Seite 61:
Löwenpagode (etwas über 5,50 m hoch) im Hwaŏm-Tempel, Provinz Chŏllanam-do. Angeblich 544 gegründet, sicher bestehend seit 634. Die Gesichtszüge der vier Löwen sollen Freude, Ärger, Liebe und Kummer ausdrücken.

Seite 62:
Mönch des Togap-Tempels (Provinz Chŏllanam-do) im Gebet vor dem 8 m hohen Buddha, der repräsentativ für Felsbuddhas der Koryŏ-Periode ist. Mit seiner strengen Miene und den Handgesten zeigt der Buddha, daß er Dämonen vertreiben will.

Seite 63 oben:
Im T'ongdo-sa. Zugang zur Kaesanchodang. In diesem Schrein wird dem berühmten Priester Kaesan Chosa Verehrung erwiesen.

Unten:
Eingangstor des T'ongdo-Tempels mit kunstvollem Toraufbau. Das sanft nach oben geschwungene Dach nimmt der massiven Konstruktion den Eindruck der Schwere.

Seite 64:
Sŏnghwang-sa, einer der drei größten Tempel in Korea, Provinz Chŏllanam-do. Seit dem 12. Jh. Zentrum des Zen-Buddhismus. In letzter Zeit kommen hierher auch immer mehr Ausländer, sich den Geist des Zen anzueignen. – Neben der Tempelglocke finden wir in einem buddhistischen Tempel auch eine große Trommel und einen hölzernen hohlen Karpfen, der mit Schlegeln angeschlagen wird.

Seite 65:
Nebentempel des Hwaŏm-sa am Chiri-Berg. Tausend-Buddha-Halle.

Seite 66 oben:
Assistent der Schamanin, der die Sanduhrtrommel (changgo) bedient.

Links unten:
Schamanin beim Altar. Schwert (kŏm) und Dreizack (ch'ang) vertreiben beim Beschwörungstanz böse Geister.

Rechts unten:
Neben dem Kleider- und damit Rollenwechsel – die Schamanin wird im Laufe einer Ritualhandlung von mehreren Geistern besessen – ist auch der Fächer unverzichtbares Requisit. Die Aufmerksamkeit der Hilfsgeister wird durch eine Handglocke erregt, die aus fünf bis neun Schellen besteht.

Seite 67:
Die schamanistischen, immer paarweise vorkommenden changsŭng schützten die Eingänge der Dörfer vor bösen Einflüssen. Der rechte männliche Pfahl ist der „Kommandant der Welt unter dem Himmel", der linke weibliche Pfahl, der über die unterirdische Welt. Heute gibt es nur mehr etwa über 200 im ganzen Land.

Seite 68:
P'yŏn'gyŏng, das sind zweireihig aufgehängte Klangsteine verschiedener Länge und Dicke, insgesamt 16. Bei konfuzianischen Feierlichkeiten verwendetes Instrument chinesischer Herkunft.

開山祖堂
海藏寶閣

地下女將軍
天下大將軍

nennt neue Minister. Auf russischen Vorschlag nimmt König Kojong im Oktober 1897 den Kaisertitel an, um die Gleichstellung mit China und Japan zu betonen. Die alte Landesbezeichnung Chosŏn (Land der Morgenfrische) wird in Taehanguk (Großes Han-Land), in Anknüpfung an die Han-Stämme Südkoreas, abgeändert. Dieser Name, allerdings ohne ein «tae» (= groß) davor, ist auch noch der heutige Name Südkoreas, während Nordkorea sich Chosŏn nennt.

Japan muß einen Großteil seiner Truppen abziehen und die Vormachtstellung an Rußland abtreten, da es unmittelbar nach dem Krieg gegen China nicht zu einem gegen Rußland gerüstet ist. Im Februar 1897 verläßt der König wieder die russische Gesandtschaft und begibt sich in den neu errichteten Kyŏng'un-gung (der heutige Tŏksu-gung). Rußland garantiert die Unversehrtheit des Monarchen. Russen werden als Berater für die militärische Ausbildung und die finanzielle Verwaltung eingestellt, so daß sich Rußland Einfluß auf die Wirtschaft sichern kann, die aber weiter von amerikanischem Kapital dominiert wird. Der Fremdenhaß richtet sich nun auch gegen Rußland.

Innenpolitisch gibt es, trotz dringender Erfordernisse, keine Reformen. Sŏ Chae-p'il, ein Teilnehmer an dem fehlgeschlagenen Staatsstreich von 1884, der zuerst nach Japan geflüchtet und dann nach Amerika gegangen war, wird überredet, nach Korea zurückzukommen und für Reformen zu arbeiten. Er hatte in Amerika den Doktor der Medizin erworben, war amerikanischer Staatsbürger geworden und mit einer Amerikanerin verheiratet. Wieder in Korea zurück, gründete er den Unabhängigkeitsverein (Tongnig-hyŏphoe), der sich für die Schwächung ausländischen Einflusses und die Unabhängigkeit von allen Nationen aussprach. Aber auch allgemeine Schulbildung und Hangŭl-Propagierung gehörten zu seinen Zielsetzungen. „Die Unabhängige Zeitung" (Tongnip-sinmun), die in Hangŭl gedruckt war, trug viel zur Verbreitung von Sŏs Reformideen bei. Sprach sie sich generell für die Unabhängigkeit von jeglicher fremden Nation aus, so wurden doch die Russen, die gerade eine dominierende Position innehatten, ihr erstes Angriffsziel. Rußland mußte der heftigen Attacken wegen seine Berater und militärischen Ausbilder aus Korea zurückziehen. Sŏ Chae-p'il wurde seiner unerschrockenen Kritik zufolge seines Amtes enthoben und mußte bald nach Amerika zurück.

Rußland war inzwischen durch seine imperialistische Politik in der Mandschurei nach dem Boxer-Krieg und seine „Pachten" von Liao-tung und Port Arthur – gerade der Gebiete, die Japan nach dem gewonnenen Krieg wieder an China hatte abtreten müssen – in zunehmenden Konflikt mit Japan gekommen. Als Rußland am Amnok-Fluß Truppen absetzt und am koreanischen Hafen Yongamp'o Militäreinrichtungen und Befestigungen baut, meint Japan, diesen Eingriff in seine Interessensphäre nicht länger dulden zu können. Es kommt 1904 zum Ausbruch des Russisch-Japanischen Krieges. Die entscheidenden Kriegsschauplätze bilden zur See Port Arthur (1905 genommen, mehrere Schlachten, russische Ostasienflotte vernichtet), Tsushima (in der Straße von Tsushima zwischen Japan und Korea; russische Ostseeflotte 1905 vernichtet) und zu Lande Mukden (das heutige Shen-yang). Mukden ist hart umkämpft, die Japaner verlieren bei dessen Eroberung 50'000 Mann, die Russen 92'000.

Durch Vermittlung des amerikanischen Präsidenten Theodor Roosevelt wird in Portsmouth am 5. September 1905 der Friedensvertrag unterzeichnet. Rußland zieht sich aus der Mandschurei zurück, ermöglicht die Herstellung der chinesischen Souveränität. Japan sichert sich Port Arthur und das Protektorat über Korea.

Korea hatte zu Beginn des Russisch-Japanischen Krieges seine Neutralität erklärt. Dessen ungeachtet wurde aber am 23. Februar von den Japanern Sŏul besetzt und das Japanisch-Koreanische Abkommen abgeschlossen, das Japan eine beratende Funktion in der Staatsführung zuerkannte. Die japanischen Vorrechte in Korea werden von Amerika und England und nach dem verlorenen

Krieg auch von Rußland anerkannt. Nach westlicher Meinung wurde Korea als ein Land angesehen, das mehrmals gezeigt hatte, daß es nicht vermochte, mit Korruption fertig zu werden und eine moderne Gesellschaft und Regierung aufzubauen. Japan wurde als das Land angesehen, das imstande war, es auf dem Weg in die Moderne anzuleiten.

Mit dem Vertrag von Portsmouth wurde Japan der Weg dazu geebnet, Korea formal zu seinem Protektorat zu machen.

Unter japanischer Herrschaft – Vom Protektorat (1905) bis zum Ende des Zweiten Weltkrieges

Nach dem Vertrag von Portsmouth sah sich Japan militärisch und politisch als stark genug an, ein nicht-autonomes, unter seinem Schirm stehendes Korea zu verwirklichen. Es zwingt Korea am 17. November 1905 einen bereits in Tokyo formulierten Vertrag auf, den Ŭlsa-poho-choyak (ŭlsa: nach der Jahresbezeichnung im Sechzig-Jahr-Zyklus des chinesischen Kalenders; poho-choyak = Schutzvertrag), mit dem es Korea zu einem Protektorat Japans macht. Die ausländischen Beziehungen Koreas werden künftig über das japanische Außenministerium in Tokyo abgewickelt, für interne Angelegenheiten ist eine Generalresidentschaft (T'onggam-bu) zuständig, die in Sŏul ihren Sitz hat. Erster Generalresident ist ab 1. Februar 1906 der Vertragsverhandler und ehemalige Premierminister Itō Hirobumi (1841–1909).

Der Generalresident hat die Kompetenzen hinsichtlich Koreas Diplomatie, innerer Verwaltung und in militärischen Angelegenheiten. Er war ermächtigt, den Frieden und die öffentliche Ordnung mit Hilfe japanischer Truppen wiederherzustellen, administrative Tätigkeiten von der koreanischen Regierung zu fordern oder den lokalen koreanischen Behörden direkte Anordnungen zu erteilen. Die koreanische Regierung hat nur mehr ausführende Befugnis.

Korea ist in seinem Handlungsspielraum hiermit ungleich mehr beschränkt, als es jemals unter der Oberhoheit eines anderen Landes war.

Im Juni 1907 schickte Kaiser Kojong Bevollmächtigte zur Friedenskonferenz nach Den Haag, um auf Koreas Lage aufmerksam zu machen und internationalen Druck auf Japan zum Abzug seiner Truppen hervorzurufen. Kojong mußte daraufhin zugunsten seines Sohnes Sunjong (1907–1910), der nicht sehr reichlich mit Fähigkeiten ausgestattet war, abdanken. Im Gefolge der Absetzung des Kaisers kommt es zu zahlreichen Unruhen, und auch die koreanische Armee widersetzt sich den Japanern, was zu ihrer Auflösung führt. Viele der entlassenen Soldaten schließen sich einer Guerilla-Bewegung an, die sich Ŭibyŏng (Gerechtigkeitsarmee) nannte und erst 1912 von den Japanern ausgeschaltet werden konnte.

Trotz seiner umfassenden Kompetenzen nützt Itō Hirobumi sie nicht extensiv, er ist eher, wie auch sein Nachfolger Sone Arasuke (1849–1910), für eine gemäßigte Politik.

Die Ermordung Itōs bei einer Reise durch die Mandschurei im Oktober 1909 in Harbin läßt die Kreise in Japan die Oberhand gewinnen, die für eine harte Gangart gegenüber Korea eintreten. Am 22. August 1910 wird die Generalresidentschaft in ein Generalgouvernement (japanisch: Chōsen-sōtokufu; koreanisch: Chosŏn-ch'ongtokbu) umgewandelt, dessen erster Amtsinhaber Terauchi Masatake (1910–1916) ist. Die Auflösung Koreas und seine Eingliederung als Kolonie in das japanische Kaiserreich ist hiermit vollzogen.

Japan begann unter seinem ersten Generalgouverneur mit einer eisernen Herrschaft. Die öffentliche Meinungsäußerung wird unterdrückt. Um eine „Entkoreanisierung" zu erreichen, wird der Unterricht auf Japanisch erteilt, koreanischer Sprachunterricht findet aber weiter statt. Im Geschichtsunterricht wird der Unterricht in koreanischer Geschichte durch den der japanischen ersetzt. Der Versuch, die Kinder durch die Schulerziehung zur Loyalität gegenüber Japan zu bringen, steigert aber eher den Patriotismus, als daß er diesem Ziel näherkommen hilft.

Die zentralisierte, sehr effektive bürokratische Kontrolle läßt keinen organisierten Widerstand zu.

Im wirtschaftlichen Bereich unternimmt Japan große Anstrengungen, um das Straßen- und Eisenbahnnetz auszubauen, den Ackerbau zu modernisieren, später auch eine Industrialisierung einzuleiten. Die Früchte dieser Anstrengungen kommen aber meist nicht Korea zugute, sondern den Besatzern. Koreas steigende Reiserträge zum Beispiel nützten Japan, das große Mengen davon importierte, während der Reisverbrauch in Korea knapp war und sich die koreanische Bevölkerung zunehmend von Hirse ernähren mußte. Die Zahl der Landpächter nahm ständig zu und die Unzufriedenheit stieg.

Neuen Auftrieb erhält der Freiheitsgedanke 1917 durch die Oktoberrevolution und dann durch die Doktrin der nationalen Selbstbestimmung, die einen Teil der „Vierzehn Punkte" des amerikanischen Präsidenten Wilson ausmachte. Diese „Punkte" vom 1. August 1918 stellten das Programm für den Friedensschluß im Gefolge des Ersten Weltkrieges und eine dauerhafte Welt-Friedensordnung dar.

Unabhängigkeitskämpfer in- und außerhalb Koreas meinten, daß in diesem Klima eine Forderung nach nationaler Selbstbestimmung das Interesse der Welt nach Korea zu lenken vermöchte und so Japan starkem Druck ausgesetzt würde, seine Kolonialherrschaft zu beenden. Man beschloß eine landesweite Demonstration zur Befreiung von japanischer Herrschaft zu organisieren, die ohne Gewalt vor sich gehen sollte und bei der man die Forderung nach Unabhängigkeit zu erheben gedachte. Eine Unabhängigkeitserklärung wurde vorbereitet. Die Demonstration wurde auf den 2. März 1919 festgesetzt, dem Tag des Begräbnisses von Kaiser Kojong, später jedoch auf den 1. März vorverlegt. Da an diesem Tag eine ganze Bewegung damit losbrach, wurde sie Sam-il-undong (Bewegung des 1. März) genannt.

Am 1. März um 14 Uhr versammelten sich 29 von 33 der Unterzeichner der Unabhängigkeitserklärung, die am 27. und 28. Februar gedruckt worden war, in einem Restaurant in Sŏul, verlasen diese, brachen in „Hoch"-Rufe („manse") für die Unabhängigkeit aus und – ließen sich dann widerstandslos ins Gefängnis abführen.

Gleichzeitig hatten sich Studenten im nahen Pagoden-Park versammelt. Sie hatten erwartet, daß hier die Erklärung verlautbart würde und waren enttäuscht, die Initiatoren der Bewegung nicht anzutreffen. Diese hatten allerdings, Ausschreitungen befürchtend, sich andernorts versammelt. Ein Lehrer in der Menge hatte aber eine Kopie der Unabhängigkeitserklärung bei sich, so daß sie doch noch öffentlich verlesen werden konnte. Die Studenten reagierten mit „Tongnip manse" („Hoch lebe die Unabhängigkeit")-Rufen und marschierten durch die Straßen von Sŏul.

Gleichzeitig hatten Freunde und Sympathisanten der Unterzeichner im Nordwesten Koreas Demonstrationen organisiert. Durch die Beförderung der Unabhängigkeitserklärung mit der Bahn fanden in den ersten Tagen die Demonstrationen entlang dieser Linien statt und ergriffen dann auch die Umgebung. Die Bewegung breitet sich so ungeheuer schnell über das ganze Land aus und hatte an ihrem Höhepunkt, Mitte März, 211 von 218 Kreisgebiete erfaßt.

Die Kundgebungen hatten friedlich begonnen, führten aber dann durch den brutalen Einsatz von Militärpolizei, Armee und Marine zu Ausschreitungen, bei denen unter anderem Militärpolizeistellen und viele Polizeiwachen zerstört wurden.

Die Forderungen nach Unabhängigkeit gingen auch mit Vorschlägen einher, eine Verfassung auszuarbeiten. Dies geschah, und am 11. April wurde in Shanghai eine „Provisorische Regierung der Republik Korea" (Taehan-minguk-imsichŏngbu) unter Syngman Rhee (Yi Sŭngman) als erstem Präsidenten errichtet. Sie bewahrte diese Bezeichnung bis zum Ende des Zweiten Weltkrieges, obwohl ihr Sitz als auch die Organisation und Führung an ihrer Spitze häufigem Wechsel unterworfen war. Syngman Rhee (1875–1965) war schon nach einigen Jahren in die USA emigriert, wo er die Tongjihoe (Gesellschaft der Gesinnungsgenossen) gründete, welche die „Provisorische Regierung Koreas" in China unterstützte, aber mit nicht sehr viel Elan.

Die Bewegung des 1. März hatte das Ausmaß des Nationalismus und Widerstandes sichtbar gemacht und den Japanern gezeigt, welche gewaltigen Kräfte gegen sie im Volk vorhanden waren, die nur durch Waffengewalt im Zaum gehalten hatten werden können. Es wurde deutlich, daß die Militärverwaltung auf lange Sicht ihre Aufgaben nicht zu lösen imstande sei. Der amtierende Generalgouverneur Hasegawa Yoshimichi (1916–1919) wird durch den gemäßigteren Saitō Minoru (1919–1927) abgelöst. Die Militärpolizei wird reduziert und durch gewöhnliche Polizei ersetzt, dem Verlangen der Koreaner nach politischem und kulturellem Ausdruck bis zu einem gewissen Grad entsprochen: Die Herausgabe von koreanischen Zeitungen wie „Chosŏn-ilbo" und „Tong'a-ilbo" wurde gestattet, wenn auch der Zensur unterworfen.

Die Politik stand im Zeichen kultureller Assimilation, wurde aber durch Diskriminierung und getrennte Schulen für Japaner ineffektiv gemacht. Die nachhaltige Erinnerung an die Sam-il-undong ließ diese Politik vollends scheitern.

Die „Provisorische Regierung" war eine Koalition der sibirisch-mandschurischen und der Shanghai-US-Gruppe, wurde aber von letzterer dominiert. Infolge der Unmöglichkeit organisierten Widerstandes im Inland hatten sich im umliegenden Ausland organisierte Gruppen herausgebildet, die mitunter sehr unterschiedliche Auffassungen zur Erreichung des gemeinsamen Zieles hatten. 1920 gründeten einige koreanische Nationalisten in Shanghai, die mit der „Provisorischen Regierung" unzufrieden waren, dort die „Koreanische Kommunistische Partei", die gegen die „Provisorische Regierung" opponierte.

Ab diesem Jahr machte eine von russischen Kommunisten geschulte kommunistische Arbeiterbewegung mit Sabotageakten und Streiks von sich reden. Sie beherrscht bald den koreanischen Untergrund. 1927 kommt es zu 94 Streiks, an denen 10'523 Arbeiter teilnehmen. Die Bauern, die unter der harten Behandlung der Kolonialbehörden litten, hatten sich auch organisiert und machten von 1926 bis 1928 mit 2'063 örtlichen Erhebungen auf sich aufmerksam.

Seit der Bewegung des 1. März spielten auch die Studenten eine wichtige Rolle in vielen anti-japanischen Agitationen. Ausgelöst durch Zusammenstöße japanischer mit koreanischen Studenten kam es 1929 zu Studentenunruhen, die fünf Monate anhielten und an denen 54'000 Studenten beteiligt waren. Sie bildeten den Höhepunkt studentischer Aktivitäten.

Von 1925 bis 1928 sorgten vier Verhaftungswellen von KP-Mitgliedern, daß diese als einheitliche organisatorische Kraft zu bestehen aufhörte.

Im Februar 1927 war von koreanischen Patrioten unter dem Einfluß der Tätigkeit der KP Koreas die Singanhoe (Gesellschaft der neuen Tat) gegründet worden, die Vertreter der nationalen und kommunistischen Kräfte vereinte. Sie erwarb sich bald eine große Popularität und wurde von breiten Bevölkerungskreisen unterstützt. Viele ihrer Forderungen liefen auf mehr Unabhängigkeit und kulturellen Freiraum hinaus. 1931 mußte sie aber, unter dem Druck zunehmender Kontrollmaßnahmen, ihre Auflösung erklären.

Nach dem mandschurischen Zwischenfall im September 1931 wurde Widerstand immer schwieriger, da er schon im Keim erstickt wurde. Durch die japanische Besetzung und Annektierung der Mandschurei kommt es aber zu einem gemeinsamen Partisanenkampf von koreanischen Widerstandsgruppen und Chinesen gegen die Japaner, der diesen manchmal ziemlich zu schaffen machte.

Mit General Minami Jirō (1936–1942) wird eine neue Phase in der Koreapolitik eingeleitet. Verstärkung der totalitären Kontrolle ist ein bestimmendes Merkmal. Der Koreanisch-Unterricht in den Schulen wird gänzlich abgeschafft, die Ehrerbietung gegenüber der japanischen Religion, dem Staatsshinto, den Koreanern zur Pflicht gemacht, ja die Koreaner müssen sogar ihre koreanischen Namen durch japanische ersetzen. Der Kurs war auf vollständige Assimilation und Auslöschung der koreanischen Tradition ausgerichtet.

Mit dem Ausbruch des Krieges gegen China 1937 wurde die Industrialisierung Koreas energisch vorangetrieben. Dabei spielten die koreanischen Bodenschätze eine wichtige Rolle. Koreanische Zwangsarbeiter (bis zum Ende des Krieges 2'619'900 dienstverpflichtet) wurden in Bergwerken, Fabriken und anderen Einrichtungen eingesetzt. Wen wundert es, daß die Koreaner nach der Kapitulation Japans vor den alliierten Mächten in Erwartung ihrer nunmehrigen Befreiung in überschwenglichen Jubel ausbrachen? Dieser war aber verfrüht.

Auf der Kairoer Konferenz waren die Staatsoberhäupter der USA, Großbritanniens und Chinas am 1. Dezember 1943 übereingekommen, daß Korea nach dem Krieg unabhängig werden sollte. Amerika meinte jedoch, daß eine Vier-Mächte-Treuhandschaft über die Insel angezeigt wäre, weil das so stark unterdrückte koreanische Volk vorerst nicht imstande sein werde, eine starke, stabile Regierung zu errichten.

Die Sowjetunion erklärt Japan am 8. August den Krieg und marschiert zwei Tage später in Nordkorea ein. Die Amerikaner landen am 8. September in Inch'ŏn.

Vom Ende des Zweiten Weltkrieges bis in die Gegenwart

Der 38. Breitengrad war ursprünglich nicht als Teilungslinie gedacht gewesen. Man hoffte auf eine gemeinsame Besetzung des ganzen Landes. Die Russen waren aber schon zwei Wochen vor den Amerikanern an dieser Linie angelangt, und so standen sich die beiden Armeen gegenüber und die Demarkationslinie bildete die Grenze und begann sich als solche zu etablieren.

Am 10. September 1945 wird die Militärregierung der US-Streitkräfte in Korea eingesetzt. 1946 bringt eine Kommission der Besatzungsmächte auch nach monatelangen Verhandlungen keine Lösung über die Zusammensetzung einer koreanischen Regierung zustande.

In Nordkorea hatten die Sowjets durch viele im Widerstand gegen die Japaner kommunistisch geschulte Koreaner eine rege Aktivität entfaltet und eine Verbindung der Besatzungsmacht mit der Bevölkerung herstellen können. Im Februar war ein Provisorischer Volksausschuß gegründet worden, und im November fanden Wahlen zu diesen Volksausschüssen statt.

Die Amerikaner, die nicht viele ehemalige Emigranten ins Land bringen, finden nicht so guten Kontakt zur Bevölkerung und stoßen deshalb auf mehr Schwierigkeiten. Der Kampf zahlreicher koreanischer Parteien und Flügel gegeneinander machte die Arbeit der Militärregierung auch nicht leichter. Außerdem hatte der amerikanische Kommandeur Anweisungen, Neutralität gegenüber den verschiedenen politischen Gruppen zu bewahren, so daß er in seinen Möglichkeiten, einen geeigneten koreanischen Führer für eine Regierung auszuwählen, beschränkt war. Schließlich wird in Südkorea ein Repräsentativer Demokratischer Rat eingesetzt, der seine Funktionen allmählich an Koreaner übergeben soll. Vorsitzender wird Syngman Rhee, der den äußersten rechten

Flügel der südkoreanischen Parteien repräsentiert, was zu Aufständen und Streiks mit den Linksparteien führt.

Am 17. Februar 1947 wird Kim Il-sŏng Vorsitzender des Zentralen Volksausschusses in Nordkorea. Er hatte lange Zeit im chinesischen Widerstand gegen Japan gekämpft und war aufgrund der heftigen japanischen Angriffe gegen diese Einheiten 1941 in die Sowjetunion geflüchtet, wo er eine Ausbildung in der Roten Armee erhielt, der er 1945 als Hauptmann angehörte.

Die Dinge nahmen ihren Lauf, ohne daß eine Einigung in Sicht gekommen wäre. Amerika bringt nun die Sache Koreas vor die UN-Vollversammlung, die freie und geheime Wahlen in ganz Korea sowie den anschließenden Rückzug der Besatzungstruppen fordert. Einer nach Korea delegierten UN-Kommission wird aber die Überwachung der Wahlen in Nordkorea verweigert, so daß es nur zu Wahlen für eine Nationalversammlung in Südkorea kommt. Am 17. Juli 1948 wird die Verfassung verkündet und am 15. August, dem 3. Jahrestag der Befreiung von der japanischen Herrschaft, die Republik Korea (Taehan-minguk) ausgerufen, deren Präsident der autoritäre Syngman Rhee, der ehemalige erste Leiter der „Provisorischen Regierung" von 1919, wird.

Die amerikanische Militärregierung in Südkorea endet hiermit, der Abzug der Truppen wird aber noch etwas verzögert, um der Regierung bei der Niederschlagung kommunistischer Aufstände zu helfen.

Der Verkündung einer eigenen Regierung in Südkorea folgte eine ebensolche Nordkoreas auf dem Fuße. Am 2. September 1948 wird die Koreanische Demokratische Volksrepublik (Chosŏn-minjujuŭi-inmin-konghwaguk) ausgerufen mit Kim Il-sŏng als Präsidenten. Die sowjetischen Truppen verlassen Korea.

Die beiden Staaten lehnen sich wirtschaftlich sehr an ihre ehemaligen Besatzungsmächte an. Während aber die Sowjetunion den Norden mit Waffen versorgt und militärische Berater zur Verfügung stellt, so daß er eine starke Armee aufbauen kann, versorgt Amerika Südkorea nur mit dem zur kurzfristigen Verteidigung militärisch Notwendigsten. Der Norden erhielt so eine deutliche Übermacht an Panzern und Artillerie und wies sogar eine kleine taktische Luftwaffe auf, während der Süden über keine verfügte. Dies war die günstige Ausgangssituation für den Norden. Dazu kam noch eine Bemerkung vom amerikanischen Außenminister Dean Acheson, der am 12. Januar 1950 erklärt hatte, daß Korea außerhalb der pazifischen Verteidigungszone der USA liege.

Am 25. Juni 1950 rückte der Norden über den 38. Breitengrad vor. Die USA konnten sich am 27. Juni für ihre Aktionen der Unterstützung der UNO versichern, weil die UdSSR der Versammlung ferngeblieben war. Demzufolge nahmen Einheiten von 16 UNO-Staaten zumindest gelegentlich an den Kämpfen teil. Die Hälfte des Truppenkontingents stellten jedoch die USA und einen Großteil der anderen Hälfte Südkorea. Oberbefehlshaber war der amerikanische General Douglas Mac Arthur.

Sŏul war am 29. Juni gefallen und Tausende von Soldaten strömten nach dem Süden. Die nordkoreanischen T-34-Panzer und die Infanterie trieben alles vor sich her. Erst beim hartumkämpften Pusan konnten die Angriffe zum Stillstand gebracht werden. Durch eine kühne Landungsoperation am 15. September bei Inch'ŏn, weit im Rücken des Gegners, wurde Sŏul am 27. September zurückerobert, und die nordkoreanische Front im Süden brach zusammen. Trotz Warnungen seitens Pekings, einer Invasion Nordkoreas nicht zusehen zu wollen, dringen die UN-Verbände bis an den chinesisch-koreanischen Grenzfluß Yalu vor, den sie Ende Oktober erreichen. Eingesickerte rotchinesische Einheiten in einer Stärke von 300'000 Mann, sogenannte „Freiwillige", werfen gemeinsam mit den nordkoreanischen Truppen die UN-Streitkräfte bis an den 38. Breitengrad und noch weiter zurück. Erst am 14. März 1951 konnte Sŏul, das insgesamt viermal die Seite wechselt, wiedererobert werden.

Die Front begann sich um den 38. Breitengrad zu stabilisieren. Ab Juli 1951 werden Waffenstillstandsverhandlungen eingeleitet. Es finden im Grenzgebiet noch gelegentlich harte Kämpfe statt, das militärische Gleichgewicht bleibt aber bestehen. Am 27. Juli 1953 wurde das Abkommen von P'anmunjŏm abgeschlossen, welches das Ende der Feindseligkeiten bedeutete.

Der Krieg hatte verheerende Zerstörungen auf der gesamten koreanischen Halbinsel verursacht und durch die Schaffung einer vier Kilometer breiten entmilitarisierten Zone eine unüberwindliche Grenze zwischen den beiden Koreas errichtet.

Dem Präsidenten Syngman Rhee gelingt es nicht, die wirtschaftlichen Probleme nach dem Krieg in den Griff zu bekommen. Günstlingswirtschaft und Korruption herrschten in der Regierung. Immer häufiger setzte sich der Präsident über die Verfassung hinweg und regierte zunehmend autokratischer. Vor den Wahlen von 1956 veranlaßte er die Nationalversammlung, die Amtszeitbeschränkung des Präsidenten auf zwei Wahlperioden aufzuheben und konnte so ein drittes Mal das Präsidentschaftsamt erlangen. Die Partei Rhees, deren Ansehen stetig zurückgegangen war, sah bei der nächsten Wahl im Jahre 1960 ihr einziges Heil in Wahlfälschungen, die aber zu augenscheinlich waren und schwere Unruhen auslösten, die am 27. April 1960 zum Rücktritt zwangen.

Am 15. August wurde Yun Po-sun (Yun Po-sŏn) als Präsident vereidigt. Er ernannte Chang Myŏn zum Premierminister. Die neue Regierung steuerte einen Kurs demokratischer Freiheit, der aber zu einer Aufspaltung in eine Unzahl rivalisierender Gruppen führte, ohne daß die Regierung imstande gewesen wäre, die politische Ordnung wiederherzustellen. Im Mai 1961 mußte die Zweite Republik der Dritten Republik weichen. Präsident Park Chung-hee (Pak Chŏnghŭi) leitete die Zeit des wirtschaftlichen Aufschwungs ein. Er regierte, die Verfassung abändernd, 18 Jahre, bis er 1979 einem Attentat zum Opfer fiel. Nach einer kurzen Übergangsregierung von Ch'oe Kyu-ha wurde General Chun Doo Hwan (Chŏn Tu-hwan) am 27. August 1980 als Präsident eingesetzt.

Seite 77:
Kyŏngbok-Palast in Sŏul. 1394 von König T'aejo errichtet, 1868 wiederaufgebaut. Der mittlere der drei Torbögen dieses Einganges, des Kanghwa-Tores, war ausschließlich für den König bestimmt. Die Löwenhunde (haet'ae) sollen Feuer schlukken können und stehen als Schutz gegen Feuersbrünste.

Seite 78 oben:
Injŏng-jŏn, die Audienzhalle des Ch'angdŏk-Palastes. Zuerst 1404 erbaut, mehrmals wiederaufgebaut und instand gesetzt. Das zweistöckige Gebäude ist von gedeckten Korridoren umgeben, die in angrenzende Empfangszimmer führen.

Unten:
Tor zu den zur Unterhaltung und Erholung des Königs bestimmten piwŏn (Geheime Gärten) im Ch'angdŏk-Palast in Sŏul, 7800 m² umfassend.

Seite 79 oben:
Kŭnjŏng-jŏn, die Audienzhalle im Kyŏngbok-Palast, Sŏul. Hier wurden acht Yi-Könige inthronisiert.

Unten:
Eingang zum Kyŏngbok-Palast in Sŏul. Hinter dem Torbogen des Kŏnch'un-Tores ist eine aus dem 14. Jh. stammende, äußerst kunstvoll gemeißelte zehnstöckige (wegen der dreistöckigen Basis öfters auch als 13-stöckige Pagode angeführt) Marmorpagode zu sehen.

Seiten 80/81:
In den „Geheimen Gärten" (1623 angelegt) im Ch'angdŏk-Palast. Blick vom Puyŏng-Teich auf den zweistöckigen Chuhamnu.

Seite 82:
Chuhamnu (1777 erbaut) im Ch'angdŏk-Palast. Das untere Stockwerk war Aufbewahrungsort für die königliche Bibliothek, im oberen fanden Aufführungen statt.

Seite 83:
Usin-Tor zum Yŏnggyŏng-dang im Ch'angdŏk-Palast. Wurde 1828 unter der Regierung von König Sunjo im Stile eines „gewöhnlichen" Oberschicht-Herrschaftshauses gebaut, um dem König ein Gefühl für das Leben der Leute zu geben.

Seite 84 oben:
Koreanisches Nationalmuseum (errichtet 1926) in Sŏul (ehemaliges Kapitol-Gebäude). Das renovierte Gebäude bietet mit 10 000 m² Ausstellungsfläche doppelt so viel Platz wie das alte Museum.

Seite 84 unten, Seite 85:
Museum für moderne Kunst. 1986 eröffnet. Liegt in Kwachŏn, am südlichen Stadtrand Sŏuls. Der Museumskomplex umfaßt 66 000 m², die Ausstellungsfläche des dreistöckigen Gebäudes beträgt 14 512 m².

Seiten 86/87:
Hochhäuser im Zentrum der 10-Millionen-Stadt Sŏul.

Seite 88:
Die Posingak-Glocke in Sŏul. Früher verkündete sie den Tagesanbruch und den Einbruch der Dunkelheit. Hier wird sie, zu Neujahr, vom Bürgermeister angeschlagen.

建春門

한국투자신탁
아웃 오브 아프리카

普信閣

Mythische Geschichte Koreas

Der Tan'gun-Mythos

Hwan'ung, der Sohn des Himmelsherrschers Hwan-in, stieg, versehen mit drei göttlichen „Siegeln" seines Vaters (möglicherweise die Gewalt über Wind, Regen und Wolken versinnbildlichend) und mit 3'000 Begleitern, vom Himmel herab auf den Gipfel des T'aebaek-Berges (es dürfte sich um den heutigen Myohyang-san, 1'909 m, in der nördlichen P'yŏng'an-Provinz handeln), um der Welt unten zu helfen. Er versammelte seine Begleiter unter einem alten Paktal-Baum (Betula schmidtii, eine Birkenart) und rief sich zum König über die Welt aus, die freilich noch nicht so groß war, wie wir sie heute kennen. Er regierte mit Hilfe der Götter des Windes, des Regens und der Wolken.

Eines Tages hörte er die Gebete einer Bärin und eines Tigers, die den sehnlichen Wunsch hatten, in Menschen verwandelt zu werden. Hwan'ung gab beiden einen Beifuß und 20 Knollen Knoblauch und ermahnte sie, dies zu essen und 100 Tage lang der Sonne fernzubleiben. Den Tiger hielt es nicht so lange in der Höhle, es drängte ihn hinaus ins Freie, und so mußte er wie bisher als Tiger weiterleben. Die Bärin jedoch, die die Bedingung erfüllte, bekam die Gestalt einer schönen jungen Frau.

Der erste Wunsch der Frau war, einen Sohn zu haben, und sie betete darum am Fuße eines Paktal-Baumes. Hwan'ung erhörte sie, sie wurde von ihm schwanger und gebar einen Sohn, Tan'gun (mitunter auch Wanggŏm) genannt.

Tan'gun gründete eine Hauptstadt in Pyŏng-yang und nannte sein Land Chosŏn. Er soll von 2333 v. Chr. an über tausend Jahre, bis zur Ankunft einer anderen legendären Gestalt, der des Ki-ja im Jahre 1122 v. Chr., regiert haben. Tan'gun zog sich darauf zurück und wurde ein Berggott. Seine Lebenszeit betrug 1'908 Jahre.

Im Jahre 2265 v. Chr., so wird berichtet, brachte Tan'gun dem Gott des Himmels, seinem göttlichen Ahnen, sein erstes Opfer dar. Später errichtet er auf der Insel Kanghwa-do, auf dem Mani-san, einen großen Altar aus Steinen und Erde, der heute noch besteht. Manche Archäologen schätzen das Alter dieses Altares aber auf nicht mehr als 400 Jahre. Wie dem auch sei, der Wanderer wird jedenfalls durch den schönen Ausblick vom Gipfel des Berges für den Aufstieg entschädigt.

Im Tan'gun-Kult begegnet uns der Glaube an die Abstammung von einem Bären und als Folge davon Anzeichen eines Bärenkultes mit Bärentotemismus. Der Bär ist kein Tier wie die anderen. Er verbirgt oft unter seiner Gestalt menschenähnliches Wesen und göttliche Kraft. Bärenkult ist weit verbreitet und hat sich noch als Religion sibirischer Stämme erhalten.

Es spricht einiges dafür, daß Tan'gun ursprünglich in Nord- oder Zentralasien verehrt worden ist. Es finden sich nämlich in einem Grabgewölbe am Fuß des Wu-ti-shans in der chinesischen Provinz Shantung Reliefs, die einen Mythos wiedergeben, der sehr ähnlich dem des Tan'gun ist. Diese Region war außerdem, zusammen mit der Mandschurei und Korea, ein Wohnsitz der Tung-i.

Interessant ist auch, daß wir bei Korea und Japan, deren Sprachen Verwandtschaft aufweisen, auch in den Mythen viele gemeinsame Komponenten entdecken können. Der Tan'gun-Mythos zum Beispiel weist Parallelen mit dem japanischen der Herabkunft des Ninigi, des Enkels der Sonnengöttin, auf. Dieser steigt ebenfalls von einem Berg, dem Takachi-ho, herab und erhält ähnlich wie

Hwan'ung, der vom Vater drei göttliche „Siegel" erhält, drei Reichskleinodien mit auf den Weg.

Der Tan'gun-Mythos ist eigentlich der Ursprungsmythos einer der nördlichen Komponenten des koreanischen Volkes. Erst spät, vor allem dann in der Koryŏ-Zeit (918–1392) ist er zum offiziellen Mythos vom Ursprung des koreanischen Volkes geworden. Die älteste erhaltene schriftliche Fassung der Tan'gun-Geschichte findet sich erst im 13. Jahrhundert. Das Bestreben, seine eigene Geschichte derjenigen Chinas, des großen und älteren Bruders, ebenbürtig zu machen und sie in die selbst für China mythische Zeit vor der Shang-(Yin-)Dynastie (1766–1122) zu verlängern, noch dazu mit genauer Jahreszahlangabe, ist unverkennbar. Tan'gun mußte dazu natürlich eine sehr lange Lebensdauer aufweisen und übertrifft dabei sogar noch unseren Methusalem, der „nur" ein Alter von 969 Lebensjahren erreichte.

Die Verehrung Tan'guns, des mythischen Gründers des koreanischen Volkes, fand sogar noch in neuerer Zeit die Unterstützung der Regierung, um den Patriotismus des Volkes zu heben. Bis in die sechziger Jahre wurde in Südkorea die Zeitrechnung Tan-gi, die auf der Staatsgründung im Jahr 2333 v. Chr. basiert, verwendet, und auch heute findet man in vielen Geschichtswerken noch das Schlagwort von 5'000 Jahren Geschichte Koreas. Es gibt in einem immer selbstbewußter werdenden Korea aber immer mehr Historiker, die versuchen, die durch vielfältige Wanderungsbewegungen, Überschichtungen, Kulturvermittlung und -austausch gekennzeichnete Geschichte auf dem Boden Koreas noch besser zu erfassen und zu erhellen.

Nun einige Worte noch zu Ki-ja, der Gestalt, von der Tan'gun abgelöst wurde: 1122, beim Wechsel der Shang-(Yin-)Dynastie zur Chou-Dynastie (bis 249 v. Chr.), war angeblich Ki-ja (chinesisch Chi-tzŭ), ein Onkel und Berater des letzten Shang-Herrschers, mit einer großen Zahl von Flüchtlingen ins Land gekommen, wo er eine Dynastie aufrichtete, die über 40 Generationen bestanden haben soll.

Ki-jas Auswanderung nach Korea erwähnt zwar ein chinesisches Geschichtswerk, das Shih-chi, wir müssen diesem Bericht aber mit Skepsis begegnen. In Korea, das bestrebt war, möglichst weit zurückreichende Verbindungen mit der chinesischen Zivilisation nachzuweisen, wurde solch ein Bericht natürlich begierig aufgenommen, da er Gelegenheit bot, die weite Spanne von der Reichsgründung durch Tan'gun in geschichtliche Zeit besser zu überbrücken. In einem im 15. Jahrhundert kompilierten koreanischen Geschichtswerk, dem Tongguk-t'onggam, wird dem Ki-ja auch eine sehr wichtige Rolle zugeschrieben. Er habe Korea wichtige Kenntnisse in Landwirtschaft, Seidenzucht und Weberei vermittelt, es aber auch nicht an Unterweisungen in Etikette und gesellschaftlicher Moral fehlen lassen.

Wie entstand nun der Ki-ja-Kult? Eine Hypothese erklärt ihn so: Die tungusischen Maek hatten Kontakte mit den Yin, während sie auf der Shantung-Halbinsel waren. Diese Kontakte erreichten beim Untergang der Yin-Dynastie gegen Ende des 2. Jahrtausends v. Chr. ihren Höhepunkt, als viele Yin in die Maek-Gemeinschaft aufgenommen wurden. Deren Nachkommen verehrten den Geist Ki-jas und brachten ihn bei der Einwanderung nach Korea, in dem sie eine beherrschende Stellung einnahmen, mit. Die traditionelle chinesische und von den Koreanern übernommene Darstellung, daß Ki-ja, ein Untertan des Yin-Staates, nach Korea ging und dort seine Herrschaft ausübte, dürfte ein Versuch chinesischer Gelehrter sein, den Ki-ja-Kult in Korea zu erklären, das sogar Ki-jas Korea genannt wurde.

Es ist interessant anzumerken, daß dem chinesischen Ki-ja von den Koreanern früher größere Verehrung erwiesen wurde, als dem koreanischen Tan'gun. Hieran wird die Wertschätzung deutlich, die man der chinesischen Zivilisation entgegenbrachte.

Der Gründungsmythos Koguryŏs

König Haeburu von Puyŏ gelangte auf einem Spaziergang zu einem Stein, der weinte. Als er ihn umdrehen ließ, kam ein goldfarbenes kleines Kind in Froschgestalt zum Vorschein. Seiner Gestalt wegen nannte er ihn Kŭmwa (goldener Frosch). Er ließ ihn im Palast aufziehen und ernannte ihn zum Kronprinzen. Als er starb, wurde Kŭmwa König.

König Kŭmwa von Puyŏ ging eines Tages am Ufer eines Flusses entlang, als er auf ein schönes Mädchen stieß, das die Tochter des Flußgottes war. Sie hieß Yuhwa und war von einem jungen Mann namens Haemosu verführt und verlassen worden. Ihre Eltern hatten sie daraufhin verstoßen.

Kŭmwa nahm sie mit in seinen Palast. Dort wurde sie auf wunderbare Weise durch Sonnenstrahlen, die in ihr Zimmer fielen, schwanger, gebar aber kein Kind, sondern ein Riesenei, das der König auf vielfältige Weise zu beseitigen suchte. Er warf es den Hunden und Schweinen vor, jedoch sie fraßen es nicht. Die Ochsen und Pferde auf der Straße gingen ihm aus dem Weg. Es ließ sich auch nicht zerbrechen. Ratlos, was damit zu tun sei, ließ er es schließlich der Mutter zurückgeben, die es warm hielt. Nach einiger Zeit schlüpfte aus dem Ei ein schöner Bub, der bald ungewöhnliche Fähigkeiten zeigte. Schoß er mit seinem Bogen, so trafen seine Pfeile jedesmal das Ziel. Weil in Puyŏ ein guter Schütze Chumong genannt wird, bekam er diesen Namen. Solche Fähigkeiten waren natürlich nur zu leicht dazu angetan, den Neid der Söhne Kŭmwas hervorzurufen. Von seiner Mutter gewarnt, floh Chumong aus dem Land. Dabei fand er den Beistand der Fische und Schildkröten, die für ihn eine lebende Brücke über einen Fluß bildeten und ihn so seinen Verfolgern entkommen ließen. An einem Ort namens Cholbon-ju gründete er eine Hauptstadt. Er gab seinem Land den Namen Koguryŏ. Als König Tongmyŏng bestieg er den Thron.

Der nach der traditionellen Überlieferung erste König Paekches, Onjo Wang (traditionelle Regierungszeit 18 v.Chr.–28 n.Chr.), soll ein Sohn Chumongs gewesen sein.

In den Mythen der verschiedenen Völkerschaften Altkoreas finden wir öfters Geburten aus Eiern. Auch in einem Mythos Sillas, der die Entstehung des Pak-Clans erläutert, finden wir eine: die sechs Stammesgruppenhäuptlinge der Chinhan waren gerade zu einer Beratung versammelt, als sie die Erscheinung eines weißen Pferdes hatten, das blitzartig vom Himmel herabkam und sich am Fuß des Yangsan (bei Kyŏngju) niederließ. Das Pferd flog wenig später wieder zum Himmel empor, sie aber sahen, als sie näher kamen, an dieser Stelle ein großes purpurnes Ei. Als sie das Ei aufbrachen, kam daraus ein schöner Knabe hervor, den sie Hyŏkkŏse nannten. Mit 13 Jahren wurde der Knabe als König eingesetzt, und weil das Ei, aus dem er schlüpfte, so groß wie ein Kürbis war, erhielt er den Clannamen Pak (dessen Schriftzeichen allerdings von dem des gleichlautenden Kürbisses verschieden ist).

Die Eier, denen wir in diesen Mythen begegnen, sind als Symbole der Sonne aufzufassen und weisen zusammen mit Elementen wie der Schwängerung durch Sonnenstrahlen auf die Existenz eines Sonnenkultes im alten Korea hin.

Wir finden auch in einer Anzahl von Mythen, vor allem denen der Han-Stämme, immer wiederkehrende Grundzüge: eine einwandernde Führergestalt aus einer fortgeschritteneren Kultur, die als Himmlischer Sohn bezeichnet wird, heiratet ein einheimisches Mädchen aus einer nicht so entwickelten Kultur. Er begründet eine königliche Familie. – Das Gesellschaftssystem dieser Staaten besteht also aus Einwanderern, die die Oberschicht stellen, und einer niederen Schicht von Einheimischen. Somit bilden auch die Mythen eine Quelle, in der sich, natürlich nur bis zu einem gewissen Grad, Wanderungsbewegungen und Kulturüberschichtung ablesen lassen.

Wir haben nun den Tan'gun-Mythos und den Gründungsmythos Koguryŏs kennengelernt. Die Könige Koryŏs (918–1392), die sich als die Nachfolger des Koguryŏ-Staates sahen, trachteten, dem Gründer Koguryŏs hochrangige Götterahnen zu geben, und dafür bot sich der Tan'gun-Mythos an. In den beiden, nun verbundenen Mythen heiratet Tan'gun die Tochter eines Flußgottes und zeugt mit ihr einen Sohn namens Puru. Dieser hatte keinen Sohn, fand aber einen goldfarbenen Knaben in Froschgestalt, den er Kŭmwa nannte. – Hiermit war das Bindeglied geschaffen, und der Mythos konnte mit der Sonnenstrahlschwängerung und der beträchtlichen Ausgestaltung der Fähigkeiten Chumongs seinen Fortgang nehmen.

Der Mythos erhält hier die Funktion einer Legitimierung, wie wir sie vom Alten Testament und der Erwählung eines Volkes von Jahwe kennen.

Die Religionen Koreas

Der Schamanismus

Schamanismus ist die älteste Religion in Korea. In Korea ist sie als Sinkyo (Götterlehre) oder Musul (Beschwörungskunst) bekannt, der Begriff «sya(a)mŏnijŭm» ist aber im Vordringen.

Voraussetzung für den Schamanismus ist der Animismus, das heißt ein Denken, das sich die Natur mit unzähligen Geistern belebt vorstellt. Meer, Flüsse, Berge, Steine, Bäume, bestimmte Tiere, wie Bär und Tiger, sind erfüllt von ihnen. Zur Abwehr ihrer schädigenden Einflüsse und um das Wohlwollen potentiell positiver Mächte zu erlangen, bedarf es eines Mittlers zwischen der Menschen- und Geisterwelt. Diesen bildet der Schamane.

Schamanismus geht auf das tungusische Wort „shaman" zurück, das „umsichschlagen" bedeutet und somit auf einen ekstatischen Zustand hinweist, der gewöhnlich erforderlich ist, um mit der Geisterwelt in Verbindung treten zu können. Dieser wird meist durch Tanz und die daraus erfolgende Trance erreicht.

Der koreanische Schamanismus hat starke Ähnlichkeiten mit dem tungusischen des nordöstlichen Asiens.

Die schamanistische Geisterwelt ist so umfangreich, daß wir in diesem Rahmen keine umfassende Darstellung geben können. Wichtig ist in einem gebirgigen Land wie Korea natürlich der jeweilige Berggeist (Sanshin), der das Dorf beschützt und für gute Ernten sorgt. Wir finden Berggeistschreine an Waldeingängen, aber auch oft innerhalb des Geländes eines buddhistischen Tempels. Dies ist durch die beiderseitige religiöse Aufgeschlossenheit von Schamanismus und Buddhismus möglich. Ferner liegen buddhistische Tempel oft am Fuße von Hügeln und Bergen, und der Berggeist konnte so besonders leicht Eingang finden. Der Berggeist wird immer als ein ehrwürdiger Greis dargestellt, begleitet von einem Tiger. Er ist besonders bedeutsam für alle Leute, die sich oft im Walde aufhalten, wie Wurzel-, Beeren- und Kräutersammler.

Traditionell sind auch die Hausschutzgeister von großer Wichtigkeit. Sie werden von der Dame des Hauses betreut. Der wichtigste ist der das Dach tragende Geist des großen Dachbalkens (Sangnyang-sin), der aber keinen Platz mehr hat in einem heutigen Appartementhaus oder einem modernen Flachbau. Ferner gibt es noch Geister der Küche (Chowang), ja sogar des Abortes (Puch'ul Kaksi), von denen die weiblichen besonders zu fürchten sind, weil sie gefährliche Krankheiten verursachen können.

Chesŏk, vom Buddhismus übernommen, wacht über Leben und Tod der Familienmitglieder und ist auch für Getreideernte und Kleidung zuständig. Außerdem finden wir noch eine Gottheit der Geburten (Samsin), die durch einen Flaschenkürbis oder ein kleines Säckchen Reis repräsentiert wird. Das Geschlecht des Kindes und die Stärke der Geburtswehen hängen von ihr ab.

Diese Hausgeister entziehen ihren Schutz, wenn sie unzufrieden oder gekränkt sind, und böse Geister wie die zu Unfug und allerlei Streichen aufgelegten Kobolde, die To'kkaebi, können ungehindert in das Haus eindringen. Es kommt zu einer Reihe von Schicksalsschlägen, die eine Familie nach einem Schamanen rufen lassen. Was für Anlässe sind es nun, die einen Schamanen zur

Bereinigung erfordern? – Es sind dies eine anhaltende Serie von Krankheiten oder Unfällen, aber auch moralische Verfehlungen eines Familienmitgliedes oder gar des Oberhauptes, dessen Schuld die anderen Familienmitglieder mittragen müssen.

Neben der Bannung des Unheils ist es natürlich auch Sache des Schamanen, solches zu verhüten. Den Schutz der Geister vor Reisen, wichtigen Prüfungen, Hochzeiten, Geburten zu erringen, gehört ebenfalls zu seinen Aufgaben.

Sind Unglücksfälle aufgetreten, gilt es natürlich zuerst herauszufinden, welche bösen Kräfte eine Pechsträhne hervorgerufen haben. Der Schamane, in Korea meist eine Frau, die Mudang, bedient sich dazu jeweils bestimmter Geister, die ihr behilflich sind. Je höherrangig diese sind, um so weniger Vermittlung niederer Geister ist notwendig, und die Zeremonie wird kürzer und billiger.

Oft stellt sich bei der Ursachenermittlung heraus, daß es ein Ahn war, der zum Beispiel mangelnder Respekterweisung wegen der Familie zürnt und nun versöhnt werden muß.

Die Vorfahren haben Anspruch auf Zuwendung seitens der Nachkommen und können positiv oder negativ in die Familiengeschichte eingreifen. Man muß mit ihnen kommunizieren und sich so bis zu der Generation (meist bis zur fünften bedeutend) durchfragen, von der die Störungen kommen. Eine Kut (schamanistische Beschwörungszeremonie) beseitigt diese. Zu einer Kut gehören immer Tanz und Musik. Der Tanz ist zuerst anmutig und elegant und wird langsam ekstatisch, wilde Sprünge zu lauten Trommelschlägen beinhaltend. Geister ergreifen von der Schamanin Besitz und sprechen durch ihren Mund.

An Musikinstrumenten werden in einer Kut Schlaginstrumente wie die Sanduhrtrommel (chang'gu), ein tiefer Gong (ching) und eine beidseitig bespannte Holzrahmentrommel (puk), aber keine Blas- oder Saiteninstrumente verwendet.

Zur Versöhnung der bösen Mächte oder des mißgünstigen Ahnengeistes werden Opfer dargebracht, die aus Reiskörnern, gekochten Reiskuchen (ttŏk), Reisbier (makkŏli) und Weihrauch (hyang), aber auch Fisch, Huhn, mitunter auch aus einem Schweinskopf, Obst und neuer Kleidung bestehen. Früher soll es auch vorgekommen sein, daß den Meeresgeistern, die durch Wetterunbill ihren Zorn zeigten, gelegentlich zur Besänftigung junge Mädchen geopfert wurden. Ein für diese Gegend zuständiger Beamter meinte eines Tages, daß die Geister doch sicherlich noch mehr versöhnt wären, wenn man jemanden, der mit ihnen in intimer Verbindung steht, eine Mudang, opferte. Auf entsprechende Anordnungen hin, sollen sich alle Mudang bereit erklärt haben, andere Opfer zu verwenden.

Eine Kut findet grundsätzlich innerhalb eines Schreines (sindang) statt, der meist ein Zimmer im Hause der Schamanin ist, seltener wird sie im Freien abgehalten. Dann versammelt man sich unter einem Zeltdach oder ähnlichem, unter dem ein Altar aufgestellt ist.

Die Bedeutung der Kut liegt darin, daß die negative Ereigniskette durchbrochen wird, und die Unglücksdisposition verschwindet, weil wieder alles ins rechte Lot kommt. Um diesen gruppentherapeutischen Zustand der Entspannung zu erreichen, ist es wichtig, daß die Begebenheiten der Kut nachzuvollziehen sind, zum Beispiel die Hindernisse der Ahnenseele auf dem Weg aus dem Jenseits, das Widerstreben böser Mächte, die besänftigt werden und so weiter. Die Mudang erläutert, welche Opfer als Versöhnungsgeschenke angenommen würden und wie man die Schwierigkeiten bei der Anreise der Seele beseitigen, beziehungsweise vermindern könne. Je spannungsreicher der Ablauf, desto befreiender ist der glückliche Ausgang.

Nicht selten übt auch die Dorfgemeinschaft einen Druck auf die vom Pech verfolgte Familie aus, eine Kut zu veranstalten, da sie sich fürchtet, daß das Unglück der Familie auf die Gemeinschaft übergreift. Auch die Beziehungen zu den anderen Dorfbewohnern sind nach der Kut also wieder hergestellt.

Der Schamanismus war aber nicht nur Volksreligion, sondern auch Religion der ältesten politischen Gebilde, deren Führer und Herrscher Schamane war. Diese Tradition setzte sich lange fort, und noch im 6. Jahrhundert, als der Buddhismus schon auf der ganzen restlichen Halbinsel Fuß gefaßt hatte, wurde Silla von Schamanenkönigen regiert. Sie trugen schamanistische Goldkronen mit herabhängendem kommaförmigen Jadeschmuck, Tigerkrallen darstellend, der bei auch nur geringfügigen Bewegungen eindrucksvolle Geräusche erzeugte. Erst unter König Chijŭng (500–514) nehmen die Herrscher Sillas den Königstitel (imkŭm) an, vorher hatten sie Titel geführt, die auf die Würde eines Schamanenpriesters oder Heerführers hinwiesen.

Nach 527 verschwand der schamanistische Symbolismus aus der Kunst Sillas und wurde durch buddhistischen ersetzt, in der Volkskunst lebten aber schamanistische Motive weiter fort.

Der Konfuzianismus opponierte gegen den Schamanismus und brachte die Schamaninnen in Mißgunst. Aber auch die eifrigsten Reformer konnten nicht verhindern, daß Königinnen und Hofdamen Schamaninnen konsultierten.

In der Yi-Dynastie (1392–1910) profitierte der Schamanismus von der Zurückdrängung des Buddhismus. Der Konfuzianismus, mit seinem Schwerpunkt auf der Sozialethik, kümmerte sich nicht sehr viel um die Götter- und Geisterwelt, und der Schamanismus wußte sehr gut, diese metaphysische Lücke für das Volk auszufüllen.

In der vom Konfuzianismus geprägten gesellschaftlichen Hierarchie gehört die Schamanin der niedrigsten Klasse (ch'ŏn'in) an. Dies korrespondiert jedoch nicht mit ihrer gesellschaftlichen Bedeutung.

Neben den weiblichen Mudang kennt Korea auch, wenngleich nicht so zahlreich, die männlichen Paksu, welche häufig Blinde sind. Man sagt, daß sie Dinge wahrnehmen können, die anderen verborgen sind. Sie tanzen nicht bei den Beschwörungszeremonien.

Unter den Schamaninnen kommen manche durch Vererbung zu ihrem Beruf. Der Beruf geht von der Mutter auf die Tochter oder Schwiegertochter über. Andere werden durch göttliche Erwählung dazu bestimmt. Sie sind oft in einen Zustand der Verwirrung geraten, aus dem sie erst die Initiation durch eine Schamanin herauszureißen vermag. Mitunter spielen aber auch wirtschaftliche Überlegungen eine Rolle, weil eine Kut für die betreffende Familie, die diese beauftragt, mit hohen Kosten verbunden ist und der Beruf einer Schamanin daher meist ein gutes Einkommen beschert.

Trotz der großen Bedeutung des Konfuzianismus und Buddhismus ist der Schamanismus stets lebendig geblieben. Dabei half ihm seine große Anpassungs- und Integrationsfähigkeit diesen Religionen gegenüber. Standen zum Beispiel im Schamanismus die Dorfgründerahnen im Mittelpunkt, so rückten unter konfuzianischem Einfluß die Familienahnen immer mehr in den Vordergrund. Unter buddhistischem Einfluß wiederum wurden viele Gestalten des buddhistischen Pantheons übernommen. Auch die Vorstellung der vielen Stationen, mit ebenso vielen Unterweltsrichtern, die eine Seele auf ihrem Weg ins Jenseits durchlaufen muß, ist buddhistisch. Ihr begegnen wir in einer Ahnengeist-Rückruf-Zeremonie. Der Schamanismus kannte nur eine Unterwelt und nur eine die Seele richtende Gottheit.

Diese Aufnahme verschiedenster Elemente ist deshalb so leicht möglich, weil, entgegen selbst unserem eigenen Sprachgebrauch, den wir bis jetzt zeigten, Schamanismus doch eher nicht als eine eigenständige Religion aufzufassen ist, sondern als eine religiöse Praxis, deren Aufgabe die Wiederherstellung einer aus den Fugen geratenen Ordnung, Harmonie darstellt. Demzufolge kann Schamanismus auch in verschiedenen Religionsmustern vorkommen und hat in Korea eine sehr synkretistische, das heißt zahlreiche Elemente aus anderen Religionen in sich aufnehmende Ausprägung erfahren.

Seite 97:
Straßenszene in Taegu, der drittgrößten Stadt Koreas und Textilindustriezentrum. Die Werbe- und Informationsaufschriften weisen hauptsächlich koreanische Hangŭl- und nur vereinzelt chinesische Zeichen auf.

Seite 98:
Markt in Taegu.

Seite 99 oben:
Straße in Taegu, der Hauptstadt der Provinz Kyŏngsangbuk-do. Auch im modernen Taegu kann man noch viele Straßenverkäufer mit Handwagen (sure) finden.

Unten:
Kinoplakat in Taegu. Das Weihnachtsprogramm (vergl. den Weihnachtsmann und x-mas = Christmas auf dem Plakat) besteht aus „Year of the Dragon".

Seite 100:
In einer Ölmühle (kirŭm-chip). Im Gefäß im Vordergrund wird Sesam bzw. Gerste geröstet (hier im Bild Gerste für Gerstentee), im Hintergrund sehen wir eine Mühle, in der geröstetes Getreide gemahlen wird. Der Mann ist mit dem Pressen von Sesam zu Öl beschäftigt.

Seite 101:
Obststand am Markt. U. a. sehen wir hier auch Birnen (rechts hinter den grünen Äpfeln; leicht bräunliche Farbe), welche aus dem für sie bekannten Naju kommen. Birnen haben in Korea und Japan Apfelform. Tomaten zählen in Korea mitunter zum Obst. Sie werden oft im Sommer mit Zukker (!) gegessen.

Seite 102:
Konfuzianischer Ritualtanz in der Sŏnggyun-kwan. Der äußerst zeremonielle Tanz besteht aus feierlichen, gemessenen Schritten und oftmaligen Verbeugungen. Zur dabei gespielten Hofmusik (a-ak) gehören u. a. das P'yŏn-jong (Glockenspiel), das aus 16 Bronzeglocken besteht, die alle gleich groß sind, durch unterschiedliche Wandstärken aber verschiedene Tonhöhen aufweisen (1111 in Korea eingeführt), und die kaya-gŭm (koreanische Wölbbrettzither), die zwölfsaitig ist, und über zwölf verschiebbare Stege verfügt.

Seite 103:
Studenten der Sŏnggyun-kwan, der einzigen konfuzianischen Universität Koreas, im zeremoniellen Ornat zur Feier des Geburtstages Konfuzius' (kor. Kongja) am 27. Tag des 8. Mondmonats.

Seite 104:
Kwangju (728 000 Einwohner), die Landeshauptstadt der Provinz Chŏllanam-do.

87
제12회
우스박람회
4.11 ~ 18
3층
걷기운동
후원
대구백화점
넥타이
1층
세일
大邱百貨店
결산 파격세일
대구 1
바 2854

고려
한약방
인삼
도매
(약차)
따로국밥
칼국수
22-4571

KBS
대구 경북 시·도민 노래큰잔치
87.4.19 日 오후2시
朴茂雄展
'87.4.17~23
태백화랑
학원
접수중
제12회 백만인 모금 걷기운동

YEAR OF THE DRAGON
85
이어오브드라곤
X-MAS
新正
深夜劇場
MIDNIGHT MOVIE SHOW
이어오브
드라곤
난방완비
출입구

나주배
장주사

Viele Koreaner erklären, daß es Schamanismus nicht mehr gebe. Man schämt sich seiner, da er eine „primitive Vergangenheit" verkörpert, einen Aberglauben, wie er nicht mehr in eine moderne Nation zu passen scheint. Die Regierung versucht, ihn zurückzudrängen, seinen Untergang hat sie aber noch nicht bewirken können.

Der Buddhismus

Der Buddhismus wurde von einem indischen Prinzen namens Sākyamuni (koreanisch Sŏkka [moni]) gegründet. Er wurde 560 v. Chr. geboren und wuchs am Hofe eines kleinen nepalesischen Staates am Fuße des Himalaya auf, entsagte aber mit 29 dem prunkvollen Leben und suchte nach Erleuchtung, die er im Alter von 35 Jahren erlangte. Seit diesem Zeitpunkt wird er Buddha (= der Erwachte, Erleuchtete) genannt.

Unter Erleuchtung versteht man das unmittelbare, unreflektierte, ganzheitliche (im philosophischen Sinne „intuitive") Erfassen der Wirklichkeit, das immer auch Selbsterkenntnis ist.

Die darauffolgenden 45 Lebensjahre widmete er der Verbreitung seiner Lehre.

Zwei tragende Konzepte dieser sind Karma (koreanisch ŏp) und die Wiedergeburt.

Karma meint die Vergeltung für die Handlungen einer Person, wobei die Wertung der Tat nicht nach der äußeren Form, sondern an der zugrunde liegenden Absicht gemessen wird. Je nach dem geschaffenen Karma der Vergangenheit wird ein Lebewesen verschiedenen Wiedergeburten im Daseinszyklus unterworfen und unterschiedliche Formen in jeder erlangen. Im Buddhismus gibt es fünf Daseinsformen: Gottheit, Mensch, Tier, Hungergeist (Lebewesen mit winzigen Köpfen, aber riesigen Mägen, so daß sie, wieviel sie auch essen mögen, immer Hunger haben) und Höllenbewohner. Das Leben eines Individuums begann in der anfanglosen Vergangenheit und besteht fort bis in die endlose Zukunft, über eine sich unverändernde Seele verfügt es nicht.

Eine fundamentale Grundanschauung im Buddhismus lautet, daß, solange wir in diesem endlosen Zyklus der Wiedergeburten eingebunden sind, wir leiden und Unglück erdulden müssen. Ziel des Buddhismus ist es, diesen Kreis an einem Punkt aufzubrechen und so Erlösung zu finden. Nichts Böses zu begehen, Gutes zu tun und Geist und Seele zu läutern, ist die Maxime.

Versuchungen und Wurzel alles Bösen sind das Verlangen nach sinnlichen Freuden und materiellem Besitz. Gefordert ist jedoch weniger die Abtötung der Sinne, sondern die Kontrolle unserer selbst in der Weise, daß wir nichts als angenehm, rein und bestehend erachten, das in Wirklichkeit schädlich, unlauter und vergänglich ist. Geistige Disziplin erfordert die rechte Ausrichtung auf einen Punkt, ohne ein Hin- und Herschweifen. Die Schulung des Blickes von der Oberfläche der Dinge weg in deren Tiefe, und damit die Schau der wahren Realität, ist Ziel.

Der Buddhismus strebte in seiner ursprünglichen Form nur die Anhäufung günstigen Karmas zum Zwecke der eigenen Erlösung an. Nach dem Eintritt in den Orden trachtete der Mönch ein Arhat, ein Heiliger, zu werden. Diesen kann man als empfindungs-, leidenschaftslos und streng charakterisieren.

Schon im 4. Jahrhundert v. Chr. erwuchs Kritik an diesem Gedankengebäude, das man in der Folge Kleines Fahrzeug (Hinayana) nannte – und vielen bietet es mit seinen strengen Forderungen auch wirklich nicht Platz –, weil es zu engstirnig und individualistisch sei. Gegen diese egoistische Erlösungssuche trat das Mahayana (Großes Fahrzeug) auf, das alle Menschen mit einer Buddhanatur ausgestattet erachtete, so daß der Mensch, und zwar jeder – nicht nur eine kleine

Gruppe von Heiligen –, als die Möglichkeit zur Erlösung in sich tragend angesehen wurde. Diese wird aber nicht durch ein asketisches Leben erreicht, sondern durch Glauben und Ergebenheit an Buddha, Nächstenliebe und Altruismus.

Das religiöse Ideal ist nicht der Heilige, sondern der Bodhisattva, das ist jemand, der die Erleuchtung erlangt hat, auf die Buddhaschaft aber vorläufig verzichtet und mit seinem Überfluß an aufgehäuftem positivem Karma anderen Menschen auf ihrem Wege zu helfen trachtet.

Den Bodhisattva kann man als Personifikation eines bestimmten Zuges in der Persönlichkeit Buddhas auffassen, und da es deren viele gibt, existieren auch viele Bodhisattvas. Mañjuśrí (koreanisch Munsu-posal) zum Beispiel verkörpert Weisheit, Avalokiteśvara (koreanisch Kwanseŭm) die Barmherzigkeit Buddhas.

Wir sehen hier sehr deutlich den Unterschied von Hinayana- und Mahayana-Buddhismus. Im Hinayana ist Buddha ein menschlicher Lehrer, der seine selbstgesetzte Aufgabe erfüllte und dann ins Nirvana einging. Im Mahayana ist Buddha ein unsterbliches, ewiges Wesen, die Verkörperung der kosmischen Wahrheit. Er ist nur um die Menschheit zu retten als historischer Sākyamuni auf die Welt gekommen, so wie schon viele Buddhaerscheinungen vor ihm. Auch nach ihm wird es noch viele geben. Der nächste wird Maitreya (koreanisch Miruk) sein. Sākyamunis Lebensdaten sind also von untergeordneter Bedeutung. Das essentielle Wesen, das all diese Erscheinungen verbindet und eint, ist der „Körper" des wahren Buddha.

Wir finden hier eine einzigartige Entwicklung von einer atheistischen, nach Auslöschung strebenden Ausrichtung, die nur die einfache Verehrung eines menschlichen Gründers beinhaltet, zum durch Vergottung entstandenen Konzept eines höchsten Wesens, umgeben von einem zahlreichen Pantheon, das durch Glauben und Hingebung an es, ein ewiges Leben sichert. Nicht mehr Freiheit von Wiedergeburt und Leiden, sondern die Erreichung vollkommener Buddhaschaft durch die Beseitigung des Scheinwissens ist das Ziel.

Über China kam 372 der Buddhismus nach Koguryŏ und 384 nach Paekche. Silla eroberte er erst später. Die Einführung des Buddhismus stellt einen Wendepunkt in der koreanischen Kulturgeschichte dar. Viele chinesische Kulturelemente wurden mit ihm aufgenommen, und auch die chinesische Schrift fand über ihn Eingang auf die koreanische Halbinsel.

Zuerst wurde der Buddhismus als eine Macht zum Schutz des Landes, zur Heilung von Krankheiten und zur Abwehr von Unheil angesehen. Er ersetzt somit die typischen schamanistischen Funktionen. Mit der Zeit hält er auch, in Abweichung von der Orthodoxie, vergleichbare Zeremonien ab, ersetzt allerdings die schamanistischen Beschwörungsgesänge durch das Rezitieren von Sutren (heilige buddhistische Schriften). Den Schamanismus kann er aber trotzdem nicht ganz verdrängen.

Allmählich interessierte man sich aber nicht nur für die praktische Seite, sondern auch für die philosophischen Aspekte dieser Religion und schickte Studiengesandtschaften nach China und auch ins Ursprungsland Indien.

Mit Beginn der Silla-Zeit (ab 668) wurde der Buddhismus Staatsreligion des nun geeinten Koreas und erlebte eine ungeahnte Blüte, die sich in der Koryŏ-Zeit (918–1392) fortsetzte. Viele Tempel wurden errichtet und die buddhistische Kunst und sakrale Architektur blühte. Mehrmals muß aber in der Silla- und in der Koryŏ-Zeit gegen den die finanziellen Kräfte des Landes erschöpfenden Neubau von zahlreichen Tempeln, die in der Koryŏ-Zeit in die Zehntausende gingen, vorgegangen werden. Die Staatseinnahmen senkende Erwerbung großer Flächen steuerfreien Landes für Tempel erfordert ebenfalls Maßnahmen. Dessenungeachtet behält der Buddhismus das Wohlwollen des Königshauses, sichert sich das des Adels und erreicht eine ungeahnte Machtfülle. Mönche konnten in der Koryŏ-Zeit Politiker werden, und viele Adelige, die Tonsur nehmend, stärk-

Buddha Triade
(vergoldete Bronze)
Vereintes Silla (8. Jahrhundert)
Aus Anap-chi, Kyŏngju, Provinz Nord-Kyŏngsang
Ein Meisterwerk seiner Art: Diese „Dreiheit" wurde samt Thron und Heiligenschein in einem Stück gegossen. Man nimmt an, daß es zu einem Miniatur-Holzschrein gehört hat. Der auf einer Lotusblume sitzende Buddha zeigt die „dharmacakra mudra-Stellung" *(die Geste des drehenden Rades) und verkörpert deshalb sehr wahrscheinlich* Amitabha. *In diesem Fall wären die beiden Bodhisattvas an seiner Seite* Avalokitesvara *und* Mahasthamaprapta. *Sie sind rückwärts von einem blumenumrandeten Nimbus gestützt. Die Dreiheit ist im T'ang-Stil gegossen, gekennzeichnet durch die volle Modellierung der Figuren und der* tribhanga-*(dreifach gebogenen) Haltung der Bodhisattvas. Die Triade erinnert an die gut bekannte japanische* Amida-Dreiheit *(jetzt im Tokyo National Museum) und reflektiert die engen künstlerischen Verbindungen zwischen den beiden Ländern während des 8. Jahrhunderts.*

ten ebenfalls die Position. Der Buddhismus ist in der Koryŏ-Zeit am Höhepunkt seiner Macht angelangt. Kunst und Wissenschaft werden hauptsächlich von Mönchen betrieben. Der Konfuzianismus ist Ordnungsprinzip der Beamtenhierarchie, hinterläßt aber keine großen Auswirkungen im Geistesleben der Zeit.

Ein Großunternehmen der Koryŏ-Zeit war das zweimalige Schnitzen von Druckstöcken für die Tripitaka-Koreana, die gesammelten heiligen Schriften des Buddhismus, auf 80'000 Druckplatten. Diese gewaltige Leistung sollte den Schutz des Landes sicherstellen. Das erste Werk wurde jedoch 1231 bei einem Mongoleneinfall vernichtet, das zweite überdauerte zwar, erwies sich aber nicht imstande, die Mongolen, die das Land besetzt hatten, zu vertreiben. Der Buddhismus hatte sich als unfähig erwiesen, das Land zu behüten.

In der Yi-Zeit (1392–1910) wurde der Buddhismus, der in der vorangehenden Zeit stark korrumpiert war, aus seinen Machtpositionen entfernt und die Zahl der Klöster 1424 auf 36 beschränkt. Tempel wurden aus der Hauptstadt verbannt, die ein Mönch – zumindest nach dem Gesetz – bis zu Beginn des 20. Jahrhunderts nicht einmal betreten durfte, der Buddhismus wurde in entferntere Regionen abgedrängt. Allen Versuchen, den Buddhismus neu zu beleben, wurde von konfuzianischer Seite mit starker Opposition begegnet. 1465 wurde zwar unter König Sejo (1456–1468) in Sŏul der Wŏnaksa errichtet, schon unter König Sŏngjong (1470–1494) werden aber alle Maßnahmen der Wiederbelebung des Buddhismus rückgängig gemacht. Unter Yŏnsangun (1495–1506) wurde der eben erst gegründete Tempel zu einer Ausbildungsstätte für Kisaeng (kultivierte Gesellschaftsdame), 1515 wurde er unter Chungjong (1506–1544) abgerissen.

Seit der Regierung des Yŏnsangun (1495–1506) wurden die buddhistischen Mönche zu der niedersten Volksschicht (ch'ŏn-in) gerechnet, zu der Sklaven, Schauspieler, Fleischer, Schuster und andere gehörten.

Der Buddhismus hat sich von den Schlägen, die er in der Yi-Zeit erhalten hat, nie mehr richtig erholt.

Große Anziehungskraft hatte auf Korea der Sŏn (japanisch Zen)-Buddhismus, dessen Bahnbrecher in Korea der Mönch Sinhaeng (704–779) war. Diese Richtung geht auf den indischen Mönch Bodhidharma (gestorben um 530) zurück, der neun Jahre lang vor einer Wand meditiert haben soll. Er war nach China gewandert und gilt als erster Patriarch dieser Schule. Der Sŏn fordert strenge Selbstdisziplin und legt den Schwerpunkt auf die Meditation. Meditative Praktiken gab es zwar schon im frühen Indien, aber erst in China wurde eine eigene, die Ch'an-Schule begründet, die stark den Ideen des chinesischen Taoismus ausgesetzt war.

Sehr großen Einfluß übte auch die Schule des „Reinen Landes" (Chŏngt'o) aus, die in der Verehrung Buddhas, verdienstvollen Taten und tiefem Glauben das Heil sah. Selbstdisziplin, Studium und yogaartige Konzentration sind nicht erfordert, das einmalige flehentliche gläubige Anrufen von Amit'a-bul, des Buddhas des unermeßlichen Lichtes, der das „Reine Land", das heißt das buddhistische Paradies regiert, genügt schon, um in den Himmel eingehen zu können. Diese Schule wurde 1424, als alle Sekten in zwei zusammengefaßt wurden, als Kyo-Sekte (Sekte der Lehre) bezeichnet, gegenüber der Sŏn-Sekte (der Sekte der Meditation).

Amit'a, der im iranischen Ahura-Mazda sein Vorbild haben dürfte, ist der Buddha, der in Korea die meiste Popularität aufweist, da er die Seelen zu erretten vermag. Seinem Helfer, dem Kwanseŭm-posal (Bodhisattva der Barmherzigkeit), kommt unter allen Bodhisattvas herausragende Bedeutung zu. Er ist aus Amit'a-Buddha hervorgegangen, besitzt nahezu dieselben Fähigkeiten und ist ein Nothelfer in allen Fällen. Er kann das Karmagesetz aufheben, besucht die zahlreichen Höllen, um das schwere Los der Unglücklichen etwas zu erleichtern und schaut auch nach Leuten aus, die in Gefahr sind. Er wird in der Ikonographie oft mit elf oder neun Köpfen und einer Vielzahl von Armen (tausend) dargestellt. Interessant ist, daß Avalokiteśvara, der indische Vorgänger dieser Gestalt, männlich ist, in Korea als Kwanseŭm aber meist weiblich dargestellt wird, da ihre Milde und hilfreiche Güte eher als dem weiblichen Geschlecht zukommend aufgefaßt wurde.

Sŏkkamoni, der historische Buddha, ähnelt meist sehr dem Amit'a-Buddha, auch die symbolische Handhaltung (mudra), ein wichtiges Merkmal der Ikonographie, ist häufig die gleiche, so daß er oft nur an seinen Begleitgestalten mit Sicherheit identifiziert werden kann.

Nahezu immer enthält eine koreanische Tempelanlage einen Myŏngbu-jŏn, den Schrein des Chijang-posal, des Bodhisattvas der Unterwelt, der dort so lange zu verbleiben gedenkt, als Menschen in der Hölle leiden. Der Myŏngbu-jŏn weist sehr farbige und anschauliche Gemälde der buddhistischen Höllen auf. In ihm werden die Feiern für die Verstorbenen abgehalten.

Erst die japanische Herrschaft in Korea (1910–1945), von der der Buddhismus sehr unterstützt wurde, brachte eine Neuentwicklung des Buddhismus in Gang. Die Japaner hatten in ihrem Assimilationsbemühen ein Interesse, alle kulturellen Gemeinsamkeiten zu stärken. Neue Sekten aus Japan kamen ins Land, die es Mönchen erlaubten, zu heiraten. Es entstanden harte Auseinandersetzungen zwischen den verschiedenen Richtungen, und heute wird das Bild geprägt von der Gruppe der unverheirateten Mönche (Chogye-jong), die nach wie vor die Mehrheit stellt, und derjenigen der vorwiegend Verheirateten, die nach dem Namen ihrer größten Sekte T'aego-jong genannt wird.

Wenn der Buddhismus auch nicht mehr seinen alten Glanz erreicht hat, so hat er sich doch konsolidiert. Es gibt in Korea bereits wieder 5'680 Tempel, und der Buddhismus zählt 7'500'000 Anhänger. Sŏul besitzt auch eine buddhistische Universität, die Tongguk-daehakkyo.

Es gibt keine buddhistischen Hausaltäre wie in Japan, und der Tempelbesuch, von den Touristen abgesehen, läßt wegen des damit verbundenen Zeitaufwandes, denn die meisten Tempel liegen an ruhigen Orten am Fuße eines Berghanges, zu wünschen übrig. Trotzdem machen der Buddhismus und seine Vorstellungen, unter anderem die von Karma und Wiedergeburt, noch einen wesentlichen Teil der koreanischen Geisteskultur aus.

Der Konfuzianismus und sein gesellschaftliches System

Konfuzianer aller Zeiten sahen die natürliche und menschliche Welt als einen Organismus an, der aus zahlreichen, miteinander verbundenen Teilen aufgebaut ist. Ein Hauptgrundsatz der konfuzianischen Lehre lautet, daß, um Harmonie und Glück zu erreichen, der Mensch die soziale Ordnung an die kosmische anpassen muß. Die Vorstellung einer kosmischen Ordnung war durch Beobachtung der Naturvorgänge, wie der Wechsel der Jahreszeiten, die Bewegung der Sterne und dergleichen mehr, entstanden.

Der Mensch wurde als Teil des Universums betrachtet, das sich aus der Dreiheit Himmel, Erde und Mensch zusammensetzt. Alle drei wurden als durch dieselbe Substanz Ki (einheitlicher Urstoff, Hauch, Atem) geschaffen angesehen, die die Durchdringung von Ch'ŏndo (Weg des Himmels) und Indo (Weg des Menschen, Humanität) ermöglicht.

Der Himmel, weder Gottheit noch blindes Geschick, herrschte über diese organische Einheit und stellte eine Kraft der Harmonie und des Ausgleichs dar.

Der Mensch konnte jedoch als bedeutende Teilkraft durch Ignoranz, Verderbtheit oder falsche Führung diese Ordnung erschüttern, was sich zum Beispiel in Naturkatastrophen auswirken konnte; er hatte jedoch auch die Fähigkeit, durch Einsatz von Wissen, Weisheit und Disziplin diese Ordnung wiederherzustellen. Dem Streben nach moralischer Vervollkommnung kommt deshalb besondere Bedeutung zu. Die Tugenden, die der Konfuzianismus betont, sind ähnlich unseren westlichen: Gerechtigkeit, Loyalität, Zuverlässigkeit, Bescheidenheit, Mäßigkeit, Unbestechlichkeit, Höflichkeit, Gelehrsamkeit. Es waren dies die Tugenden eines Kunja (Gentleman, Edelmann), der für Konfuzius (551–479) das Ideal darstellte.

Die Kultivierung der Persönlichkeit ist das erste Ziel Konfuzius. Als moralischer Leitfaden gilt, ähnlich wie bei uns, die goldene Regel, sich davon zu enthalten, anderen etwas zuzufügen, was man umgekehrt auch nicht angetan haben wollte. Die Auslegung dieser Regel geht jedoch nicht so weit, daß man Böses mit Gutem vergelten sollte. Konfuzius dachte hier ganz praktisch, und auf die Frage eines Schülers, ob man eine Beleidigung mit Freundlichkeit erwidern solle, fragte Konfuzius zurück, womit man dann Freundlichkeit beantworten solle. Eine Beleidigung solle mit Gerechtigkeit vergolten werden.

Einen zentralen Stellenwert in der konfuzianischen Soziallehre nimmt das richtige Verhalten gegen den Nächsten im Rahmen der fünf menschlichen Beziehungen (koreanisch oryun) ein. Es sind dies die zwischen Herrscher und Untertan, Vater und Sohn, Mann und Frau, Älterem und Jüngerem und die zwischen Freunden.

Diese Beziehungen zogen ursprünglich keine einseitige Verpflichtung nach sich, der Höherstehende in der Rangfolge hatte Verantwortungsgefühl und Menschlichkeit zu beweisen. Selbst der chinesische Kaiser galt nicht als sakrosankt. Wenn er nicht zum Wohle des Volkes regierte und vom Pfad der Tugend abwich, galt ein Aufstand des Volkes gegen ihn, zumindest in der Theorie, als gerechtfertigt. Wurde das Volk von Unheil bedroht oder brachen Seuchen aus, wurde der Kaiser dafür verantwortlich gemacht und mußte sich Sühnezeremonien unterziehen.

Konfuzius wandte sich gegen blinde Loyalität feudalistischer Art. Sein idealer Gefolgsmann diente dem Herrn in Übereinstimmung mit dem Tao (das All-Eine, Weltgesetz, der wahre Weg) mit aller Kraft; hatte er aber zwischen dem rechten Weg (Tao) und den ungerechtfertigten Anordnungen seines Herrn zu wählen, verließ er dessen Dienste.

Ergebenheit dem Tao gegenüber wird personalen Verpflichtungen als übergeordnet angesehen. Die Belohnung für Loyalität liegt nicht in Reichtum, Macht oder Glück, sondern im guten Gewissen, seine Pflicht getan zu haben.

Neben der Beziehung zwischen Herrscher und Untertan stellt die zweite tragende Säule der konfuzianischen Soziallehre, entsprechend der patriarchalischen Familienordnung, die kindliche Ehrerbietung und Liebe (hyo) dar. Sie wurde von Konfuzius ganz stark herausgestrichen. Als Konfuzius einmal mit dem Fall konfrontiert wurde, daß ein Vater, der ein Schaf gestohlen hatte, doch wohl von den Söhnen angezeigt werden müsse, meinte Konfuzius, daß der Vater die Verfehlungen des Sohnes und der Sohn natürlich die des Vaters zu decken habe. Das sei die rechte Einstellung.

Steht also bei der Beziehung Herrscher – Untertan das moralische Prinzip an erster Stelle, so ist bei der Familie die persönliche Beziehung vorrangig. Konfuzius war sich der Forderungen der Gesellschaft bewußt, setzte aber die Familie voran.

Diese wurde überhaupt als Mikrokosmos für die soziopolitische Ordnung gesehen. Der weise Vater war das Vorbild für den verständigen Herrscher oder Minister und pflichterfüllte Kinder das Modell für devote Untertanen.

Der Ahnenkult, vor allem in der Form des Staatskultes für die Ahnen des Herrscherhauses, ging dem Konfuzianismus weit voraus und ist schon in der

Shang-Zeit (1766–1122) anzutreffen. Ursprünglich wurden die Toten als unsichtbarer Teil der Familie gedacht, der weiterhin mit dieser in Kontakt steht. Um die Ahnen günstig zu stimmen, werden sie verehrt und erhalten regelmäßige Opfer. Konfuzius, der die Ahnenverehrung als Lebensnerv der Gesellschaft ansah, erachtete das Darbringen von Opfern als eine durch die Überlieferungen der Vorfahren geheiligte pietätvolle Handlung, nahm aber nicht dazu Stellung, ob, wo und wie die Toten fortleben.

Konfuzius, ein konservativer Aristokrat, der sich selbst nur als einen Überlieferer und nicht als Schöpfer von etwas Neuem bezeichnete, schrieb den aus dem Altertum überlieferten Riten eine hohe Bedeutung, ja versittlichende Kraft zu, wie er überhaupt die Vergangenheit in einem verklärten Lichte sah. Die Betonung des korrekten Verhaltens und der richtigen Ausführung der Riten zeitigen einen Formalismus, wie er uns auch in Korea begegnen wird.

Der Konfuzianismus wurde zwar schon früh in Korea eingeführt – wir hören vom König Sosurim (371–384) von Koguryŏ, daß er schon im Jahre 372 eine konfuzianische Hochschule gegründet haben soll, der Konfuzianismus stand aber im Schatten des Buddhismus und spielte keine große Rolle.

Staatsprüfungen für Beamte, bei denen vor allem gründliche Kenntnis der konfuzianischen Literatur verlangt wurde, wurden um 960 eingeführt und sind seitdem bis 1894 als kwagŏ bekannt geblieben. Der Konfuzianismus fungiert aber in einem großen Teil der Koryŏ-Zeit (918–1392) lediglich als Ordnungsprinzip der Beamtenhierarchie und hinterläßt keine tiefere Wirkung im Geistesleben der Zeit.

Mit dem Eindringen des Neokonfuzianismus des Chu Hsi (1130–1200) aus China durch die koreanischen Gelehrten An Yu (1243–1307) und Paek I-jŏng erwuchs dem Buddhismus eine Gegnerschaft, die ihn zur fast völligen Bedeutungslosigkeit in der nachfolgenden Yi-Zeit entmachten sollte. Neben dem Kampf um die Macht, der den Buddhismus besonders diskreditierte, weil er in seiner Diesseitsabgewandtheit sich gar nicht darin hätte verstricken dürfen, waren es auch weltanschauliche Gründe, die den Konfuzianismus starke Kritik am Buddhismus üben ließen.

Der Konfuzianismus sieht das Universum als geordnet an und erachtet ein systematisches Studium der Dinge wie Mensch, Institutionen, Geschichte und natürlich das der Klassiker als wichtigen Beitrag zur Vermehrung des Wissens. Dieses ermöglicht es, mit sich selbst und dem Universum in Harmonie leben zu können.

Der Buddhismus nützte seine Gelehrsamkeit jedoch, um so manches als gewiß erachtete Fundament zu zerstören und die Unwesentlichkeit, die flüchtige Vergänglichkeit der Erscheinungen, die er als Schein ansah, zu entlarven. Der buddhistische Skeptizismus stellte so eine starke Herausforderung für den Konfuzianismus dar.

Für den Buddhismus ist diese Welt eine von vielen, in die man hineingeboren ist, ein relativ unwichtiger Zufall. Der Konfuzianismus kann sich mit dieser pessimistischen Sicht nicht anfreunden, er ist optimistisch und fordert zuversichtliche Teilnahme am Geschehen in dieser Welt.

Dem Konfuzianismus ging es um die Erhaltung der politisch-ökonomischen Ordnung: die Bewahrung der festgeschriebenen Beziehungen zwischen Herrscher – Untertan und Vater – Sohn. Das autoritäre Prinzip der koreanischen Familie mit kindlicher Liebe als dem zentralen Faktor war die Grunderziehung für die Unterwerfung und Loyalität des Volkes unter einen traditionell autoritären Staat. Die Sicherstellung dieser zwei Verbindungen waren ihm unhintergehbares Prinzip. Die asketischen Vorstellungen eines seine Familie verlassenden Mönchtums, das sich ins Kloster zurückzieht, mußte er als zutiefst verwerflich ansehen.

Obwohl der Konfuzianismus die Untersuchung der „Dinge" fordert, die er für erkennbar hält, und auch die Aufmerksamkeit auf die dahinterliegenden Prinzipien lenkt, so daß wir ein rationalistisches, empirisches Element erblicken können, bleiben seine Forschungen meist in Erörterungen moralischer Fragen stecken. Es werden Beispiele gegeben, die das Wirken des moralischen Gesetzes in der Gesellschaft zeigen, der Vergangenheit wird Verehrung erwiesen, die Unterwerfung unter die traditionelle Moral und deren Normen wird eingefordert.

Der koreanische Neokonfuzianismus zeigte seine Grenzen durch einen fundamentalen Traditionalismus. Die grundlegenden ethischen Prinzipien Konfuzius' wurden als selbsteinsichtig bekräftigt, aber kein nachhaltiger Versuch gemacht, sie zu rechtfertigen oder im Lichte späterer Entwicklungen neu zu bewerten. Ja man ging sogar noch hinter Konfuzius zurück, indem man die absolute Unterordnung eines Sohnes unter seinen Vater und des Untertanen unter den Herrscher forderte. Rebellion gegen den Vater oder den Herrscher wurde als verbrecherisch gebrandmarkt, da solch ein Tun die natürliche Ordnung zerstörte. Aus den prinzipiell beidseitig Rechte und Pflichten beinhaltenden Beziehungen ist eine einseitige mit unbedingtem Machtanspruch geworden.

Der Konfuzianismus betont, daß die Menschen verschieden sind an Intelligenz, Fähigkeiten und in ihrem Moralverhalten. Es gibt eine natürliche Hierarchie. Die soziale Position muß festgelegt sein, und je nach dem Status sind die Güter zu verteilen.

In Korea gab es, um die Fähigsten für die Verwaltung des Staates herauszufinden, die Kwagŏ-Prüfungen, die in der Theorie jedem offenstanden, zu denen aber in der Praxis nur die Yangban (Militär- und Zivilbeamte) Zugang hatten, die die Spitzen der gesellschaftlichen Hierarchie darstellten. Sie setzten sich zusammen aus mit dem Königshof verwandten Familien, solchen die sich ausgezeichnet hatten in einem Krieg gegen fremde Invasoren und anderen Gruppen. Sie hatten alle Privilegien einer herrschenden Klasse wie Befreiung von Militärpflicht und Steuern. Da der Yangban-Titel erblich war, wuchs die Zahl der Yangban stark an. Sie hatten das Monopol auf die hohen Regierungsämter, ihre Zahl war aber so groß, daß es immer wesentlich mehr Anwärter für eine Stelle als zu vergebende Posten gab. Während manche hohe Ämter bekleideten und Reichtum und Machtfülle erwarben, erhielt ein großer Teil keine Anstellung und blieb arm fürs ganze Leben. Man konnte unter den Yangban bald die hauptstädtischen „Sŏul-Yangban" und die „lokalen Yangban" unterscheiden. In letztere gelang es auch mitunter Nicht-Yangbans durch Heirat oder Zahlung einer gewissen Gebühr aufgenommen zu werden, besonders in Zeiten starker amtlicher Korruption. So entstand ein wenig soziale Mobilität, die aber in der ganzen Yi-Zeit sehr beschränkt blieb.

Unter den Yangban rangierten die politisch einflußlosen Chung-in, die spezialisierte Berufe wie Buchhalter, Astrologen, Kopierer, Landvermesser und andere ausübten. Sie setzten sich aus Abkömmlingen des Adels der Koryŏ-Dynastie, degradierten Yangban und Söhnen von Yangban mit Konkubinen zusammen. Mit den Ajŏn, den beamteten Schreibern in den regionalen Behörden, die ihre unbegrenzte Amtszeit vorteilhaft auszunützen verstanden, bildeten sie die zweite Schicht der Gesellschaft.

Unter ihnen befanden sich die Sangmin, die Bauern, Handwerker und Kaufleute umfaßten. Die Bauern waren durchwegs Pachtbauern, die, arbeiteten sie auf den Ländereien eines Yangban, sowohl diesem als auch der Zentralregierung Abgaben entrichten mußten. Handwerker waren gering an der Zahl, weil die Bauern die meisten der benötigten Güter selbst herstellten. Wegen dieser weitgehenden Selbstversorgung waren kaufmännischen Aktivitäten enge Grenzen gezogen. Außerdem war durch die Regierungspolitik der Abschließung der Handel auf das Inland beschränkt. Der Kaufmann, nur als unproduktiver Verteiler gesehen, hielt die unterste Position in der Sangmin-Klasse.

Den Bodensatz der Gesellschaft verkörperten die buddhistischen Mönche und Nonnen, Schamaninnen, Gesellschafterinnen, Fleischer und Sklaven, die den Ch'ŏnmin zugerechnet wurden.

Durch den Einfluß des Konfuzianismus, der sich im steten Rückblick auf die Vergangenheit erging, waren Reformen immer starken Behinderungen ausgesetzt, so daß sie oft schon im Ansatz stecken blieben. Der Konfuzianismus bildete ein Machterhaltungssystem, das auf Störungen empfindlich reagierte. Als zum Beispiel 1441 König Sejong das koreanische Alphabet, die Hangŭl, schuf, zog er sich damit den Unmut der meisten konfuzianischen Gelehrten zu, die es, neben anderen Gründen, nicht verkraften konnten, daß jemand mit der Erlernung dieser relativ leichten Schrift, das zu lesen imstande sein sollte, was sie, durch den mühsamen Erwerb der chinesischen Schriftzeichen, langwierige Anstrengungen gekostet hatte. Heutzutage haben sich die Hangŭl durchgesetzt.

Erst gegen Ende der Yi-Zeit zeigten sich, auch auf das Wirken westlicher Missionare zurückzuführen, egalitäre Tendenzen im Bildungssystem, und 1882 öffnete eine Verordnung des Königs Kojong die staatlichen Schulen den Bürgern aller Klassen.

Heute ist die Klasseneinteilung aus dem gesellschaftlichen Bild verschwunden, die fünf Beziehungen bilden aber weiterhin einen wichtigen Orientierungspunkt im Umgang der Menschen miteinander, wie man an den Verhältnissen Lehrer – Schüler, Chef – Angestellter, älterer – jüngerer Kollege erkennen kann, die analog den Beziehungen Vater – Sohn beziehungsweise zwischen älterem und jüngerem Bruder gesehen werden. Über- und Unterordnung nach konfuzianischem Muster, von manchen als positiv für inneren Frieden und Stabilität betrachtet, prägt weiterhin noch stark die koreanische Gesellschaft.

Leben im Alltag

Die Frau – gestern und heute

In der konfuzianischen Yi-Gesellschaft war es die Pflicht einer Frau zu heiraten und möglichst viele Söhne zu gebären. Keinen Sohn auf die Welt zu bringen, konnte einen Scheidungsgrund bedeuten. Die Frau blieb auf den Anch'ae (Innentrakt) des Hauses beschränkt. Sie bewohnte das Anbang (inneres Zimmer). Der Mann hatte den Pakat'ch'ae (Außentrakt) zur Verfügung und residierte im Sarang-bang, in dem er auch die Besucher empfing. Die höchste Position im Haus kam dem Vater beziehungsweise Großvater des Gatten zu, für die Frau von schicksalhafter Bedeutung war aber auch das Verhältnis zur Schwiegermutter, die die höchste weibliche Autorität des Hauses war.

Mädchen wurden schon sehr früh in den häuslichen Pflichten unterwiesen. Sie konnten nur bis zum Alter von sieben Jahren zusammen mit den Buben spielen, dann wurde es als unschicklich angesehen. Sie bewohnten fortan den Frauentrakt (anch'ae) und erhielten von Mutter und Großmutter Anleitungen für die Arbeit im Haushalt.

Dieses frühe Bekanntmachen mit der Hausarbeit war notwendig, da Kinderehen sehr verbreitet waren. Söhne wurden oft schon im Alter von neun bis zwölf Jahren verheiratet, Mädchen waren um die zehn Jahre alt. Es gibt viele Schilderungen, welche die heiteren und unfreiwillig komischen Begebenheiten der ersten Nacht zum Inhalt haben. Durch Löcher in den Papierschiebetüren belustigten sich die Leute an der Unbeholfenheit der „Ehepaar-Kinder".

Erst die Kab'o-Reformen von 1894 machten diesen Kinderehen offiziell ein Ende. Das zulässige Heiratsalter für den Mann wurde mit 20, das für die Frau mit 16 Jahren festgelegt. Daß dieses Verbot der Kinderehen aber nicht sofort durchzusetzen war, ersieht man daran, daß die Mutter einer Informantin, zwar später geboren, bei ihrer Heirat ebenfalls erst zwölf Jahre alt war.

Die Frauen der Oberschicht durften während der Yi-Dynastie tagsüber nicht außer Haus gehen. Erst die Glocke, die bei Sonnenuntergang das Schließen der Stadttore verkündete und den Männern signalisierte, daß sie sich von den Straßen zurückzuziehen haben, gab ihnen die Erlaubnis, vorausgesetzt natürlich sie hatten die des Gatten, das Haus zu verlassen und Besuche zu machen. Dies erfolgte zumeist mit einer Dienerin, die die Laterne trug. Von Sonnenuntergang bis Mitternacht gehörte die Straße den Frauen: Sie trafen Freundinnen, Verwandte und Nachbarinnen.

Frauen der Mittelschicht erfuhren keine so starke Abschließung, konnten auch tagsüber auf die Straße, trugen aber dann den Chang-ot, einen Umhang, der über den Kopf gezogen wurde und Teile des Gesichtes verdeckte. Die Frauen dieser Mittelklasse waren Inhaber von Geschäften, Gastwirtinnen, Köchinnen, Dienerinnen, aber auch Konkubinen (ch'ŏp) von Männern der Oberschicht.

Frauen der unteren Klasse konnten sich frei bewegen, verdeckten auch kaum ihr Gesicht. Sie hatten keine Rechte, und niemand war dazu angehalten, ihnen Respekt zu erweisen. Sie waren am zahlreichsten, da sie aus der gesamten bäuerlichen Bevölkerung bestanden.

Die Kisaeng gehörten ebenfalls zur unteren Klasse, konnten aber zur Mittelklasse aufsteigen, nicht jedoch in die Yangban-Klasse, wenn sie einen reichen Adeligen fanden, der sie als Konkubine in sein Haus aufnahm.

Sie waren gewöhnlich Töchter armer Eltern. In besonderen Schulen erhielten sie eine Ausbildung in Gesang, Tanz, Spielen von Musikinstrumenten, Rezitieren von Gedichten, Lesen und Schreiben, Etikette. Sie zählten zu den kultiviertesten Frauen der Zeit, da die adeligen Damen im konfuzianischen Korea meist weniger Bildung erhielten, und waren ursprünglich nur zur Unterhaltung am Königshof bestimmt, später gab es aber auch Kisaeng-Häuser für die Yangban (Adeligen).

Die Kisaeng war Gesellschafterin, aber keine Prostituierte, wenn auch manche der unteren Kategorie dazu abstiegen. Sie entspricht weitgehend der japanischen Geisha. Kisaeng der oberen Kategorie hatten Geliebte, waren aber nicht ausschweifend. Sie hatten oft eine Affäre mit einem Patron, die im günstigen Falle zu einem Konkubinat mit diesem führte. Anderenfalls übten sie am Ende ihrer Karriere mit 30, denn länger durften sie nicht als Kisaeng arbeiten, die Tätigkeit zum Beispiel einer Heiratsvermittlerin aus.

Kisaeng konnten sich zwischen den verschiedenen Gesellschaftsschichten frei bewegen.

Mit westlichen Missionaren kamen auch Vorstellungen wie „Bildung für alle" ins Land, die in den achtziger Jahren des vorigen Jahrhunderts zur Gründung der ersten Missionsschulen führten.

Die konfuzianische Sicht der Frau als Dienerin des Mannes hatte die Berechtigung, ja Notwendigkeit der Frauenbildung nicht deutlich werden lassen.

1886 wurde von der Methodistin Mary Scranton die erste Schule für Frauen, die Ewha-haktang gegründet, die 1910 zu einem College und 1946 zu einer Universität wurde, der Ihwa-yŏja-taehakkyo. Heute gilt diese Universität als die beste Frauenuniversität in Korea. Die Elite-Universität für beide Geschlechter ist aber die Universität Sŏul (Sŏul Taehakkyo), deren erfolgreicher Abschluß zum Erlangen einer beruflichen Spitzenposition sehr hilfreich ist.

Heute (1986) beträgt der Anteil der Studentinnen an der Gesamtstudentenanzahl zwar bereits 26%, ist aber noch deutlich niedriger als bei uns.

Mit der Gründung der Republik Korea im Jahre 1948 erhielten die Frauen das verfassungsmäßige Recht auf gleiche Ausbildung, Arbeitschancen, das Recht zu wählen und gewählt zu werden, sich einer Partei anzuschließen, öffentliche Ämter auszuüben.

Frauen konnten es inzwischen schon zu höchsten Regierungsämtern bringen: fünf Frauen waren seit 1948 Mitglieder des Kabinetts. Im Yŏng-sin (1899–1977) war der erste Minister für Handel und Industrie, die anderen weiblichen Minister hatten die Bereiche Kultur und Information, Erziehung, Gesundheit und soziale Angelegenheiten zu verwalten. Ein Minister war ohne Geschäftsbereich.

Dies zeigt, daß es zwar grundsätzlich Frauen schon möglich ist, höchste Positionen zu erreichen, deren Zahl aber doch noch verschwindend gering ist. Nur acht von 276 Mitgliedern der legislativen Nationalversammlung sind Frauen.

Die 619'227 Staatsbeamten von 1983 wiesen einen weiblichen Anteil von 21,4% auf, davon allerdings 35,2% Lehrerinnen, die eine durch Frauen relativ gut vertretene Gruppe darstellen (1983: 41,3% Lehrerinnen an Grundschulen, 36,3% in Mittelschulen und 19,3% in Gymnasien).

Beträgt die Zahl der berufstätigen Frauen 1983 zwar schon 5,7 Millionen und damit 39,8% der arbeitenden Bevölkerung, so ist der Anstieg bei einfacher, unqualifizierter, schlecht entlohnter Tätigkeit wesentlich höher als die Zunahme bei fachlicher, qualifizierter Arbeit, die deutlich geringer ist als beim anderen Geschlecht. Für eine verheiratete Frau ist es besonders schwierig, einen Arbeitsplatz zu bekommen, weil sowohl die Gesellschaft als auch oft der Gatte annimmt, daß sie nach der Hochzeit sich voll der Familie widmen werde. Die Notwendigkeit des Doppelverdienstes zur Erreichung eines gewissen Lebensstandards bewirkt hier aber Änderungen und erleichtert durch den finanziellen Beitrag der Frau für die Familie die Änderung der Rolle der Frau zu der eines Partners für den Mann.

Das große Heer der weiblichen Arbeitnehmer wird aber noch von den jungen, unverheirateten Frauen gestellt (1973: Frauen zwischen 18 und 29 machen 82,8% der gesamten weiblichen Arbeitnehmer aus; 1983: von den Arbeitnehmern in der verarbeitenden Industrie sind 53,9% aller weiblichen Arbeitskräfte im Alter von 14 bis 24).

Diesem kritischen Bild muß man aber entgegenhalten, daß dies bereits bedeutende Fortschritte gegenüber der Situation vor erst vier Jahrzehnten darstellt, die noch von völliger Unterordnung der Frau unter den Mann geprägt war.

Vor dem Koreakrieg war die Frau völlig abhängig von ihrem Mann, der für ihren Unterhalt sorgte. Durch den Krieg wurden aber viele zu Witwen beziehungsweise von ihrem Mann getrennt und waren gezwungen, ihre Familien zu erhalten und finanziell selbständig zu werden. Neben diesem Anstoß trugen das Einströmen westlicher Ideen, die bei vielen Eltern sich durchsetzende Einstellung, daß auch ihre Töchter eine gute Ausbildung haben sollten (um eine gute Heiratspartie zu werden), der Trend zu kleineren Haushalten und die rasche Bevölkerungsexplosion in Sŏul zur zunehmenden Emanzipation der Frau, die freilich noch eine sehr unvollständige ist, bei.

Auch die Einstellungen und Ansichten über Heirat und Ehe erfuhren einen Wandel.

Der Tradition nach kam eine Ehe über einen Vermittler (Chungmae) zustande, der die beiden Familien in Kontakt miteinander brachte, der bei positivem Verlauf zu einem Ehevertragsabschluß führte, auf den die Ehekandidaten selbst keinen Einfluß nehmen konnten. Neben Kriterien wie Herkunft, soziales Ansehen, finanzielle Situation und so weiter waren auch die vier Pfeiler (saju) wichtig, die sich aus Geburtsjahr, -monat, -tag und -stunde zusammensetzten. Die Saju bildeten neben anderen Komponenten die Grundlage für das Horoskop, das vom Chŏmjang'i (Wahrsager) erstellt wurde. — Waren alle wichtigen Belange geklärt, stand der Ehe nichts mehr im Wege, denn die Liebe komme schon mit der Zeit, meinte man.

Heute ist zwar die Yŏn'ae-kyŏlhon (Heirat aus Liebe) im Vordringen begriffen, die Zustimmung des Elternhauses wird aber immer noch als so wichtig erachtet, daß nur in seltenen Fällen eine Ehe gegen den Willen der Eltern erfolgt. Die bevorzugte Form der Ehe ist aber weiterhin die Chungmae-kyŏlhon, die vermittelte Ehe, bei der jedoch Zustimmung oder Ablehnung möglich ist. Meist werden schlechte Saju oder eine ungünstige Eheprognose als Vorwand für eine Ablehnung gebraucht.

Die Popularität der Chungmae-kyŏlhon liegt darin, daß sie in den Augen vieler, durch die Möglichkeit der Ablehnung des Partners, die Vorteile der Yŏn'ae-kyŏlhon (Liebe muß hier als auf Sympathie reduziert aufgefaßt werden, deren Empfinden als notwendig erachtet wird) mit denen der Chungmae-kyŏlhon, die die Familienverhältnisse und näheren Umstände der Ehepartner durchleuchtet und klarstellt, verbindet.

Die Frau behält nach der Heirat ihren Familiennamen, heißt also nach der Hochzeit mit einem Herrn Cho als geborene Kang weiterhin Kang, woraus deutlich wird, daß sie nicht als ganz der Familie des Mannes zugehörig betrachtet wurde und wird.

Heiraten bedeutet oft auch heute noch, seine Arbeit aufgeben und auf das Haus beschränkt zu sein. Es gibt deshalb schon junge Frauen, die nicht mehr so verzweifelt nach einem Bräutigam Ausschau halten, wenn sie in das heiratsfähige Alter kommen, als noch vor Jahren. Die Rate der unverheirateten Frauen zwischen 25 und 29 nahm von 6,9% (1960) auf 11,5% (1970) zu. Die Angst ein „altes Fräulein" zu werden, ist aber weiter vorherrschend. Eine Studentin meinte zu mir, sie möchte nach ihrer Graduierung (nach vier Jahren Studium: dem Bakkalaureat entsprechend) den Magisterkurs (zwei Jahre dauernd; Voraussetzung für eine akademische Karriere) machen. Sollte sie diesen nicht schaffen beziehungs-

Seite 117 oben links:
Alter Ginseng-Bauer im Seiden-Hanbok. Im Hintergrund Gläser für den Ginseng-Likör, in die die Wurzel kommt.

Oben rechts:
81-jährige Fischersfrau in Sokch'o, einem der bedeutendsten Fischereihäfen Koreas.

Unten links:
Reisbauer in der Nähe von Tamyang, das für seine bambusgeflochtenen Handarbeiten bekannt ist.

Unten rechts:
Anderthalbjähriges Mädchen vor einem Papierschiebefenster.

Seite 118:
Typisches Haus eines Adeligen (yangban) mit kunstvollem Ziegeldach und ziegelgedeckter Umfriedung (im Gegensatz zum strohgedeckten traditionellen Bauernhaus). Diese Adelshäuser waren früher in einen Männer- und Frauentrakt geteilt.

Seite 119:
In einer konfuzianischen Dorfschule, sŏdang, der traditionellen Schule von früher. Heute gibt es moderne Schulen mit einem unseren Schulen ähnlichen Lehrplan und die sŏdang können nur zusätzlich besucht werden. Kinder, deren Eltern ihnen die altüberkommenen Werte vermitteln wollen, zählen zu ihren Schülern.

Seite 120:
Reis wird Mitte April gesät und wächst etwa zwei Monate in einem fruchtbaren Nährfeld auf. Wenn die Pflanze etwa 20 cm hoch ist, muß sie umgesetzt werden. Eine gespannte, markierte Schnur sichert regelmäßige Abstände der Setzlinge. Auf den Bildern oben und unten sehen wir den Reis kurz nach dem Umsetzen.

Seite 121 oben:
Provinz Chŏllanam-do. Die Reisernte (Mitte November) erfolgt auch heute noch oft mit der Sichel, da man bei maschineller Ernte weniger vom vielseitig verwendbaren Stroh erhält.

Unten:
Reiskörner (mit Schale) werden getrocknet. Damit der Reis frisch schmeckt, läßt man vor dem Verzehr die Schale jeweils sackweise in der Mühle entfernen. Ein paar Kilo von den Körnern werden als Saatgut für das nächste Jahr benötigt.

Seite 122:
Koreaner sitzen im Sommer gern auf der gedeckten Veranda entlang der Hofseite. (Hier auf der überdachten Veranda des Vorraumes.) Der Sack im Vordergrund enthält getrocknete Chilipfeffer-Schoten.

Seite 123 oben:
Diese Feuerstelle sieht wie eine traditionelle Küche aus, welche sich aber im Inneren des Hauses befindet. Diese hier dient nur zum Befeuern der ondol-Heizung. Dabei wird der heiße Rauch durch ein Verzweigungsnetz unter den Fußböden der Wohnräume geleitet.

Unten:
Bauernhaus mit traditionellem Dach. Strohdächer isolieren gut, halten im Sommer kühl und im Winter warm. Da sie jedoch als Überbleibsel eines Entwicklungslandes gelten und weiters alle paar Jahre erneuert werden müssen (im Herbst nach der Ernte), werden sie zunehmend durch Eternit-, Blech- aber auch Ziegeldächer ersetzt. Im Vordergrund Kimch'i-Lagergefäße.

Seiten 124/125:
Überdachter Rastplatz (mochŏng) inmitten von Feldern. Hier sitzt man in den Ruhepausen zusammen und trinkt makkŏlli. Die Männer schlafen im Sommer öfter hier, weil es kühler ist. Das Gebäude weist in einem halben Meter Höhe einen durchgehenden Holzboden zum Sitzen bzw. Liegen auf. Das Dach besteht aus Stroh, Blech oder Ziegeln. Auf dem Bild sieht man spielende Kinder nach der Ernte.

Seite 126:
Dächer werden niedergebunden, damit sie nicht vom Sturm weggetragen werden können.

Seite 127 oben:
Bauernhaus im koreanischen Stil. Das Rind mit dem Nasenring wird als Arbeitstier genützt, dem Kalb bleibt die Arbeit noch erspart.

Unten:
Vor dem Haus: Reisstrohmatten, Rettichblätter und hängend: pak, eine Kürbisart. Das Innere wird getrocknet, die äußere Schale als Wasserschöpfer verwendet, aber auch halbiert als Schmuck (mit Bemalung) an die Wand gehängt. Die Mauer des Hauses besteht aus Lehm.

Seite 128:
Die äußeren Schiebetüren eines koreanischen Hauses bestehen aus Holz und Glas, die inneren Holzschiebetüren sind mit Papier bespannt. Der Fußboden ist erhöht. – Typisch für Korea sind die überall zum Trocknen ausgebreiteten Chilipfeffer-Schoten.

weise trotzdem keine Anstellung bekommen, werde sie doch noch auf „den letzten Zug“ aufspringen, das heißt heiraten. Akademische Karriere und Familienleben sind gewöhnlich nur schwer zu verbinden.

Voreheliche intime Kontakte sind noch stark stigmatisiert. 1978 gaben noch 80% der Studentinnen an, jungfräulich in die Ehe gehen zu wollen.

Der Trend zur Kleinfamilie verstärkt sich. In Sǒul, wo er am ausgeprägtesten ist, bestanden 1970 bereits 80,5% der Haushalte aus Ein- und Zwei-Generationen-Familien. Besonders in Städten leben viele Jungverheiratete nicht mehr mit den Eltern.

Die traditionellen Vorstellungen von der Wichtigkeit der Geburt eines Sohnes unterlaufen häufig Familienplanungskampagnen, welche die Anzahl der Kinder auf zwei oder drei beschränken wollen, da auch nach fünf und sechs Mädchen noch auf einen Buben gehofft wird. Viele Frauen, die keinen Sohn bekommen, erleiden Depressionen und neurotische Störungen.

Auch beim Besuch einer Familie kann man in den meisten Fällen beobachten, daß der Hausherr die Gäste unterhält, die Hausfrau die Gäste zwar reichlich versorgt, selbst aber nicht mitißt.

Diese Anzeichen der Überreste konfuzianischer Moral können aber die starke Tendenz der jüngeren Generation zur partnerschaftlichen Ehe nicht aufhalten.

Hanbok – die koreanische Kleidung

Das Wort „hanbok“ (Han = Korea, bok = Kleidung) bezeichnet die traditionelle Kleidung, die man heutzutage immer seltener zu Gesicht bekommt. Manche älteren Leute tragen den Hanbok noch täglich, von den Jüngeren wird er aber nur zu speziellen Festtagen ausgeführt. Der gewöhnliche Hanbok war einst aus Baumwolle oder Hanf, denn Seide war teuer. Wolle wurde nie verwendet.

Die Entstehung des Hanbok geht auf die Mongolenzeit zurück, als König Ch'ungnyŏl (1275–1308), den Mongolen tributpflichtig, eine Tochter des Kubilai-Khan zur Frau nahm und drei weitere Könige (Ch'ungsŏn 1298, 1308–1313; Ch'ungsuk 1313–1330, 1332–1339; Ch'ungmok 1344–1348) eine mongolische Mutter hatten. Mongolische Kleidung kam damals in Mode. Das Wort „chŏgori“, das ein traditionelles Hemd für einen Mann oder eine traditionelle Bluse für eine Frau bezeichnet, ist ebenfalls mongolischer Herkunft.

Der Hanbok besteht beim Mann aus einem Hemd (chŏgori) und einer weiten Hose (paji), bei einer Frau aus dem Rock (ch'ima) und der Bluse (chŏgori).

Der Ch'ima, der bis über die Brust reicht und sehr weitgeschnitten ist, verdeckt körperliche Disproportionen und somit gibt es keine Figurprobleme – zumindest was die Kleidung betrifft.

Heute sieht man sehr bunte Frauen-Hanbok. Früher waren die Gewänder weiß. Weiß ist in Ostasien Trauerfarbe und wurde drei Jahre lang getragen, wenn ein Mitglied des königlichen Hofes starb. In der späteren Yi-Zeit herrschte ein sehr ungesundes politisches Klima, in dem sich viele Todesfälle ereigneten, so daß das Tragen der weißen Kleidung zur Gewohnheit wurde. Das Waschen bereitete den Frauen allerdings sehr viel Arbeit.

Junge Mädchen haben häufig eine Bluse mit buntgestreiften Ärmeln an (saekdong-chŏgori). Die Schleife dazu ist entweder einfarbig oder saekdong (buntgestreift). Auch bei frisch verheirateten Frauen trifft man mitunter Saekdong-chŏgori an, die Kleidung weist jedoch dann oft die Farben Rot-Gold auf und wird bis etwa ein Jahr nach der Hochzeit getragen.

Über diese Kleidung wird als Mantel der Turumagi getragen, der aus Baumwolle besteht und waschbar ist. Weil der Hanbok sehr weitgeschnitten ist, war es möglich, jede Menge Unterwäsche unter dem Hanbok zu tragen, so daß der

Turumagi in erster Linie dem Schutz des Hanbok und weniger dem vor Kälte diente.

Zum Hanbok trug der Herr den Kat, der gewöhnlich aus Roßhaar bestand, gelegentlich aber auch aus Bambusried gefertigt war. Die Yangban trugen diesen Hut bis gegen Ende der Yi-Dynastie. Heute trägt man zum Hanbok einen westlichen Hut, findet das aber nicht störend.

Frauen trugen gewöhnlich keinen Hut. Sie scheitelten das Haar in der Mitte und faßten es zu einem großen Knoten (nangja) zusammen, den sie hinten im Nacken trugen.

Die Männer kämmten das Haar auf und banden es zu einem Knoten (sangt'u) auf dem Kopf, der mit einem breiten Band (manggŏn) zusammengehalten wurde.

Die koreanische Küche

Mit der koreanischen Küche verbindet man Knoblauch und Chilipfeffer. Letzteren gab es aber, und das ist kaum zu glauben, bis zum 16. oder 17. Jahrhundert noch nicht. Erst um diese Zeit wurde er nach Korea über Zentralamerika und Japan durch portugiesische Händler, die in Nagasaki ihren Sitz hatten, eingeführt.

Reis ist in Korea Hauptgericht und nicht Zuspeise wie bei uns. Reis und Kimch'i (eingemachtes Gemüse) bilden die beiden wichtigsten Bestandteile einer koreanischen Mahlzeit.

Kimch'i werden im Oktober eingemacht und dann in große, braune Tongefäße gefüllt, die im Hinterhof oder bei modernen Häusern auf dem Flachdach aufbewahrt werden. Sie sind während des Winters gute Lieferanten von Vitamin C. Am häufigsten begegnen bei einer Mahlzeit Paech'u(Chinakohl)-Kimch'i, Kkaktugi-Kimch'i (würfelig geschnittene Rettich-Kimch'i), Mu'u-Kimch'i (länglich geschnittene Kimch'i einer kleineren Rettichart) und O'i (Gurken)-Kimch'i. Kimch'i werden immer schärfer, je südlicher man kommt. Taegu ist besonders bekannt dafür.

In Korea werden viele Pflanzen und Kräuter in der Küche verwendet, die bei uns gar nicht als eßbar bekannt sind beziehungsweise in Vergessenheit geraten sind. Dazu gehören wilde Astern, Königsfarn (kobi), Taglilien, Aralienschößlinge, Glockenblumen, Ballonblumen (toraji), der auch bei uns früher als Küchengewürz für Gänse- und Entenbraten geschätzte Beifuß (ssuk), die Hirtentasche (naeng-i), die Kohl-Gänsedistel (pangkaji'ttong) und anderes.

Bekanntere Gemüse sind Spinat, Kopfsalat und Mungo- und Soyabohnen.

Die koreanische Küche ist undenkbar ohne die Panch'an, das sind die zahlreichen Beigerichte, welche in kleinen Schüsselchen zu jeder Mahlzeit gereicht werden. Grundsätzlich kann jedes Gericht Beigericht sein. Am häufigsten trifft man freilich Kimch'i an, das man fast schon nicht mehr als Zuspeise ansehen kann. Häufig kommen auch vor: Bohnensprossen (k'ongnamul), Bohnengallerte, Tofu (tubu), Lotoswurzel (yŏnkun), Spinat (sigŭmch'i), der meist mit Sesam bestreut ist, Wurzel der Ballonblume (toraji), Adlerfarn (kosari), scheibenförmig gebratener Kürbis (hobak), Aubergine (kaji), Degenfisch (kalch'i), und überhaupt Fisch in eingelegter, gebratener und gegrillter Form, Meerlattich (kim) und Sesamblätter, mit denen oft der Reis eingewickelt wird. Nach dem Hauptgericht gibt es oft noch eine scharfe Tchigae-Suppe mit Fisch oder Fleisch und Gemüse, um den restlichen Reis leichter aufessen zu können.

In Korea ißt man traditionell von niedrigen Tischen, vor denen man im Schneidersitz auf Bodenkissen sitzt. Auf dem Tisch steht immer, unserem Pfeffer und Salz entsprechend, Soyasauce (kanjang), öfter aber auch Bohnenpaste (toenjang) und Chilipaste (koch'ujang). Als Besteck verwendet man einen Eßlöffel und Metallstäbchen. Reis ißt man meist aus Metallschüsseln.

Der Koreaner nimmt drei Mahlzeiten zu sich, das Frühstück ist allerdings üppiger als bei uns und besteht aus Reis und Zuspeise.

Zu den Speisen ißt man gern eine Toenjang-guk, eine Suppe, die aus Soyabohnenpaste bereitet wird und oft Muscheln als Einlage hat. Als Vorspeise wird Pindae-ttŏk, mit Gemüse gefüllter Pfannkuchen, sehr geschätzt. Bei Ausländern und Koreanern gleich beliebt ist Rosŭ-ku'i oder Sogŭm-ku'i, das sind dünne Scheiben von Rindfleisch, die am Tisch gegrillt und in eine Tunke aus Salz, Soyasauce und Sesamöl getaucht werden. Pulgogi (siehe Rezept) wird ebenfalls am Tisch gegrillt. Sehr gern gegessen wird Pibim-pap (gemischter Reis). Auf den Reis werden Rindfleischstreifen, Gemüse, wie Kosari (Adlerfarn), Spinat, Toraji, Bohnensprossen, Pilze, und ein Spiegelei gehäuft, die der Gast selbst vermischt. Chilipaste darf natürlich nicht fehlen. Es ist dies eine besondere Spezialität der Chŏnju-Gegend. Chapch'ae begegnet man auch öfters. Es sind dies Glasnudeln mit Rindfleischstreifen, Spinat oder Porree, Zwiebeln, Gurken, Knoblauch, Karotten (wegen der Farbe), Pilzen und ein wenig Sesamöl.

Sehr zu empfehlen sind die scharf gewürzten Suppen, von denen besonders die Maeunt'ang, eine scharfe Fischsuppe mit geschnittenem Gemüse, hervorzuheben ist (siehe Rezept). Die Yukkaejang enthält geschnittenes Fleisch und Gemüse.

Am Schluß einer Mahlzeit wird meistens Obst (Äpfel, Birnen oder Wassermelonen) gereicht. Zu besonderen Anlässen gibt es Ttŏk, das sind durch Dämpfen gewonnene Kuchen aus Reispulver.

An Getränken sind besonders zu nennen der Pori-ch'a (Gerstentee), häufig auch einfach Mul (Wasser) genannt. Geröstete Gerste wird mit Wasser aufgebrüht und vor allem im Sommer eisgekühlt getrunken.

Auf dem Lande sehr beliebt ist Sungnyung, das Reiswasser. Man gießt auf den untersten Reis, der sich im Reiskochtopf bräunlich angelegt hat, Wasser und läßt dieses kochen. Es wird heiß oder abgekühlt getrunken.

Diese beiden Getränke wurden hygienischer Gründe wegen seit alters her statt des mitunter Krankheitserreger enthaltenden unabgekochten Wassers getrunken und haben sich ganz fest im Volk verankert.

Das alkoholische Volksgetränk auf dem Land stellt Makkŏlli, ein Reisbier dar, das unfiltriert und trüb getrunken wird.

Zu beachten ist, daß man in Korea in geselliger Runde die Trinkschälchen mit den Trinkpartnern austauscht – eine Sitte, die für viele erst der Gewöhnung bedarf.

Rezepte

Diese sind mir freundlicherweise von Frau Dr. Yu-song Mosch-Kang, die mir auch anderweitig wertvolle Informationen vermittelte, zur Verfügung gestellt worden, wofür ich ihr herzlich danken möchte.

Kimch'i-Zubereitung: Chinakohl (halbiert oder geviertelt, wenn sehr groß) wird in Salzwasser (etwa 1/2 kg Salz auf 5 kg Chinakohl) ungefähr 12 Stunden eingelegt. Nachher wäscht man ihn gut aus und läßt ihn etwa 12 Stunden abtropfen. In der Zwischenzeit bereitet man die Gewürze vor: 2–3 EL Reispulver (ch'apssal-karu) oder Weizenmehl werden in etwa 3/4 l Wasser breiartig gekocht, 2 EL Salz dazugegeben, das Ganze stehen gelassen. Abgekühlt gibt man es in ein großes Gefäß und dazu folgende Gewürze: 5 große EL (etwa 100 g) Chilipulver (koch'u-karu), 3 ganze Knoblauchzwiebeln werden abgeschält und mit einer Knoblauchpresse zerdrückt, etwas Ingwerwurzel, etwa 1 TL Miwŏn (jap.

aji-no-moto), 3 Stück schräg geschnittener Porree (p'a) oder einen Bund Jungzwiebeln und 2 EL gerösteter Sesam (t'ong-kkae). Alles wird in diesem Gefäß vermischt, die Gewürze am besten in die Blätter hineingeschoben bzw. die Blätter bestrichen, so daß der Geschmack anzieht. Nun müssen die Kimch'i noch in einem verschlossenen Gefäß mindestens einige Tage aufbewahrt werden.

Pulgogi: 1 kg Rinderlendenstück (tŭngsim) wird in ganz dünne, große Scheiben geschnitten, gewürzt (siehe unten) und einen Tag im Kühlschrank in der Marinade belassen. Zur Würze benötigt man: 2–3 EL Soyasauce (kanjang), 3–4 Knoblauchzehen (manŭl), 1 TL Zucker, 1 Stück Porree, 1/2 TL Sesamöl (ch'am-kirum) und etwa 1/4 TL Pfeffer. Alle Zutaten werden gut vermischt. Auf einer vorher angeheizten Pulgogi-Platte (Tischgriller) wird die Speise ohne Öl gegrillt, die Platte aber leicht angefettet.

Maeunt'ang-Fischeintopf: Nehmen Sie einen Fisch ihrer Wahl. In Korea nimmt man für den guten Gast Chogi (eine Art Umberfisch) oder Pok-ŏ (Kugelfisch), ansonsten die billigeren Kotŭng-ŏ (Makrelen) oder Kkongch'i (Makrelenhechte). Wenn sie Makrelen verwenden, nehmen Sie für 2 Personen einen Fisch zu etwa 300 bis 400 g, waschen ihn gut und schneiden ihn schräg auf. Um der Suppe Geschmack zu geben, brauchen Sie getrocknete Myŏlch'i (Anchovis), die Sie in Wasser, dem Sie 1 TL Chin-kanjang (dunkle länger gelagerte Soyasauce) und eine Prise Salz zusetzen, kochen. Die Brühe wird durch ein Sieb geseiht, die geschmackgebenden Fische weggeworfen. Während die Suppe kocht, können Sie die Gewürze für den Eintopf vorbereiten. Sie benötigen 3–4 Knoblauchzehen, 1/4 TL Miwŏn (aji-no-moto), 1/2 TL Salz, 1/4 TL Pfeffer und (laut Originalrezept!) 5–6 kleingeschnittene Chili-Paprika. Der Fisch wird in den Topf hineingelegt, die Gewürze auf den Fisch gestreut, die geschnittenen Paprika einfach in den Topf geworfen. Nun läßt man die Suppe einmal kurz stark aufund dann bei kleiner Hitze weiterkochen. Jetzt geben Sie noch schräg geschnittenen Porree sowie Minari (asiatische Petersilie) oder 7–8 Sesamblätter zu. Wenn Sie das kurz vor dem Servieren tun, bleiben die Vitamine und die grüne Farbe erhalten.

Nun guten Appetit!

Medizin und Gesundheit

Chinesische Kräutermedizin und Akupunktur wurden offiziell 561 am Koguryŏ-Hof von einem Chinesen namens Chih Tsung eingeführt. Von dort breiteten sich die neu gewonnenen Kenntnisse, die die koreanische Heilkunde sehr erweiterten, nach Paekche und Silla aus.

Kräuter, Gräser und Wurzeln werden zu Extrakten, Likören, Pillen und auf andere Weise aufbereitet und sowohl in verarbeiteter als auch natürlicher Form als Hanyak (chinesische Medizin) feilgeboten.

Hanyak-Geschäfte gibt es allenorts. Berühmt aber ist die Yakchŏn-kolmok (Kräuterstraße) in Taegu, die über das umfangreichste Angebot verfügt und einem nur durch den Duft allein zu erkennen gibt, wo man sich befindet.

Neben pflanzlichen finden wir aber auch Tierprodukte wie Kröten und Tausendfüßler, die als heilkräftig gelten. Besonderen Wert und Preis weist ein junges, noch mit Basthaut versehenes Hirschgeweih auf, das geschnitten und gekocht, oft mit Kräutern vermischt, weil es alleine zu teuer kommt, als Mittel gegen alles verwendet wird. Schlangenfleischsuppe (paem-t'ang) und Schlangenlikör (paem-sul) werden wegen ihrer vitalisierenden und aphrodisischen Wirkung geschätzt.

Ein populäres Stärkungsmittel im heißen Sommer stellt auch die Posint'ang, eine Suppe, die von speziellen Speisehunden bereitet wird, dar.

Vielfältige Wirkung schreibt man dem, ein wichtiges Ausfuhrprodukt Koreas bildenden Ginseng (Panax ginseng) zu.

Wie die Fachbezeichnung Panax erkennen läßt, gilt er als Panazee, das heißt Allheilmittel, welches unter anderem das Zentralnervensystem stimuliert, das Zellwachstum fördern soll und gut bei Anämie und niederem Blutdruck ist. Wegen der allgemein kräftigenden Wirkung der Ginsengwurzel, die nach Krankheiten zur rascheren Genesung eingesetzt wird, sagt man ihr auch libidosteigende Wirkung nach, die aber nicht so ausgeprägt ist wie bei Schlangenprodukten.

Ginseng (koreanisch insam) gehört zu den Araliazeen, wird im Oktober gesät und geerntet und wächst in vier bis sechs Jahren zur Reife heran. Er gedeiht in bergigen Gebieten. An Wirkstoffen enthält der Saponine, Glykoside, Saccharide, B-Vitamine, Phytosterin und anderes mehr. Für seinen Anbau sind die Gebiete Kŭmsan und Kanghwa-do bekannt.

Der um die 60 cm hoch werdende Ginseng steht in Reihen und wird mit Strohdächern abgedeckt, die ihn vor praller Sonne, zuviel Regen, Wind und Schnee schützen. Die besten Wurzeln werden geschält und gedämpft, die anderen getrocknet. Pulverisiert wird er als Tee getrunken, die eingelegte Wurzel ergibt einen Ginsenglikör, und in verschiedenster Form findet er auch für Arzneien Anwendung. Nur 1% des Ginseng wird im Inland vermarktet. Die Produktion wird staatlich kontrolliert.

Da man in Korea an das Wirken böser Mächte glaubt, die Krankheiten verursachen können, finden auch, wie wir im Kapitel über Schamanismus sehen konnten, schamanistische Rituale zur Vertreibung dieser statt.

Dem Glauben an einflußnehmende Geister zufolge, sah man Irrsinn als durch Besessenheit von bösen Geistern verursacht an, gegen die hart vorgegangen werden müsse, so daß man den Patienten festband und kräftig mit einem Stock aus Maulbeer- oder Pfirsichholz verprügelte. Die Wirkung dieser Methode war augenscheinlich, ihr therapeutischer Effekt aber fraglich. Auch den Malariageist suchte man mit einer Schocktherapie auszutreiben, indem man den Patienten von einer Brücke ins Wasser warf.

Seit 1880 drang die westliche Medizin von China und Japan nach Korea ein. Neben vielen Apotheken mit modernen Medikamenten gibt es aber noch zahlreiche Hanyak-Geschäfte beziehungsweise auch Hanyak-Präparate in Apotheken. Hanŭi-wŏn, Kliniken chinesischer Prägung, heilen mit chinesischen Kräuterpräparaten und Akupunktur und bilden eine wertvolle Ergänzung zur westlichen Medizin.

Der Akupunktur liegt ein taoistisches Konzept zugrunde, das den menschlichen Körper als einen Teil der Natur, einen natürlichen Mikrokosmos in sich selbst, sieht. Wie es im Universum die dualistischen, sich jedoch gegenseitig ergänzenden Kräfte Yang und Yin (koreanisch yang und ŭm) gibt, so enthalten auch alle lebenden Wesen, und natürlich auch der Mensch, diese beiden. Yang wird als Licht, männlich, aktiv, hart, Yin hingegen als dunkel, weiblich, passiv, weich charakterisiert. Sind im Körper des Menschen diese beiden Kräfte in Harmonie, befindet sich der Mensch im Zustand des Wohlbefindens. Ist aber ein Ungleichgewicht eingetreten, sind Krankheiten die Folge, die durch Wiederherstellung der Harmonie geheilt werden können.

Im Körper fließt Energie in zwölf Meridianen, auf denen die Akupunkturpunkte zu liegen kommen.

Akupunkturpunkte zeigen deutlich herabgesetzten elektrischen Hautwiderstand und unterscheiden sich darin wesentlich von ihrer Umgebung, so daß sie mit elektrischen Apparaten aufgesucht werden können. Auch Unterschiede histologischer Art kann man feststellen.

Die Punkte weisen kaum größere Ausdehnung als eine Nadelspitze auf, besondere Punkte zeigen jedoch auch dann noch eine Wirkung, wenn sie einige Millimeter entfernt gestochen werden.

Weil bestimmten Schmerzen gleiche schmerzhafte Stellen auf der Haut entsprachen, konnte man ein Verzeichnis solcher immer wiederkehrender Hautpunkte bei bestimmten Krankheiten aufstellen. Akupunktur bietet sich somit als eine Reflextherapie auf der Haut beziehungsweise durch die Haut dar.

Die Nadeln werden gewöhnlich zwei bis acht Millimeter tief, größere Tiefen sind in speziellen Fällen möglich, leicht drehend eingestochen, damit der Einstichschmerz geringer ist. Es sollen nicht mehr als 14 Nadeln pro Behandlung gegeben werden.

Diese verbleiben gewöhnlich fünf bis zehn Minuten, bevor man sie wieder herauszieht. Grundsätzlich gilt, daß bei Tonisierungspunkten, um den Mangel an Energie auszugleichen, anregende Goldnadeln verwendet werden sollen, bei Sedativpunkten, die Energieüberschuß ableiten sollen, beruhigende Silbernadeln. Heute sind die Nadeln oft auch aus rostfreiem Stahl, deren Wirkung zeigt, daß es bei der Akupunktur anscheinend doch mehr auf die Punkte als auf das Material ankommt.

Akupunktur ist oft in Fällen besonders wirksam, in denen übliche Therapiemaßnahmen nicht zufriedenstellten.

Neben der Akupunktur gibt es auch das weniger aufwendige Verfahren der Akupressur, bei der die Punkte nicht gestochen, sondern durch Ausübung eines Druckes mit der Fingerkuppe massiert werden.

Besonders bei Krankheiten des rheumatischen Formenkreises ist die Kauterisationsmethode angezeigt, das heißt eine Behandlungsform, bei der pflanzliche Substanzen wie zum Beispiel Beifuß auf den Akupunkturpunkten entzündet werden und einen Wärmereiz auslösen.

Auf dem Gesundheitssektor zeigen sich die großen Fortschritte, die Südkorea seit dem letzten Jahrzehnt gemacht hat. Die Sterberate ist von 8,5‰ im Jahre 1970 auf 6,2‰ im Jahre 1985 gefallen, ebenso die Kindersterblichkeit (null bis vier Jahre) von 45,5‰ (1970) auf 22‰ (1985). Demgegenüber stieg die Lebenserwartung von 65 Jahren (1979) auf 68 Jahre (1985). Die medizinische Versorgung besserte sich zunehmend, wie man daran ersehen kann, daß 1970 ein Arzt noch 1'773 Patienten zu betreuen hatte, 1985 aber nur mehr ein Arzt auf 1'235 Personen kam. Der Bevölkerungszuwachs konnte von 21‰ (1970) auf 13,5‰ (1985) eingedämmt werden.

Arbeit und Wirtschaft

Landwirtschaft

Durch die gebirgige Natur Koreas wird die landschaftliche Nutzfläche auf etwa 23% der Gesamtfläche eingeschränkt. Der Anteil der in der Landwirtschaft Süd-Koreas tätigen Personen gegenüber der Gesamtbevölkerung ist von 57% im Jahre 1962 auf 22,2% im Jahre 1984 gefallen. Das verursachte einen Arbeitskräftemangel in der arbeitsreichen Zeit, der durch Mechanisierung aufgefangen werden konnte. Besonders das arbeitsintensive Verpflanzen und Ernten von Reis sucht man mit Mechanisierung zu erleichtern. Es gab 1985 bereits 42'138 Reisumpflanzmaschinen, 25'538 Mäh- und Bindemaschinen und 11'667 Mähdrescher. Bei maschineller Ernte erhält man allerdings weniger Reisstroh, das traditionell vielfältig verwendet wird.

Viele Reisfelder wurden neu angelegt, um eine Mechanisierung zu ermöglichen. Nach wie vor finden wir aber noch viele landwirtschaftliche Betriebe, die weniger als 0,5 ha zählen und daher Zuerwerb nachgehen müssen. Die Heimarbeit bildet eine wichtige Einnahmequelle.

Durch das Eindämmen von Flüssen, die rasche und starke Ausdehnung der Bewässerungssysteme und Grundwasserpumpen konnte die Abhängigkeit von den sommerlichen Niederschlägen zur rechten Zeit erheblich verringert werden. Durch diese verbesserte Bewässerungssituation, erhöhten Einsatz von Kunstdünger und den Anbau neu gekreuzter Hybridsorten war Süd-Korea imstande, seine Reisernteerträge von 1962 mit 2660 kg/ha auf 4940 kg/ha im Jahre 1977 nahezu zu verdoppeln und weist damit die höchsten Hektarerträge der Welt auf.

Dieser Maßnahmenkatalog zur Erhöhung der Ernte begünstigte vor allem die Schwemmlandebenen der West- und Südküste, die seit jeher Zentren des Reisanbaues sind.

Das höhere Bergland der T'aebaek- und Sobaek-Kette ist landwirtschaftlich nur wenig nutzbar. Wir finden dort, von gelegentlichem Reisanbau auf den Talsohlen abgesehen, sommerlichen Anbau von Mais und Kartoffeln, roten Bohnen, Soyabohnen und Kolbenhirse. Die Regierung untersagt den Feldbau auf Hängen mit über 20° Neigung, läßt diese aufforsten und bezahlt Bergbauernfamilien Prämien für Abwanderung.

In den Hügellandgebieten treffen wir Reis- und Trockenfelder an. Es sind zwei Ernten durch den Anbau von Wintergerste möglich, die Reisqualität wird dadurch allerdings etwas herabgesetzt.

Die kälteempfindliche Nacktgerste kann bis etwa zur Linie Chinju-Taejŏn angebaut werden.

1984 produzierte Süd-Korea 5,6 Millionen Tonnen Reis, damit mehr als seinen Eigenbedarf deckend, 804'000 Tonnen Gerste, 133'000 Tonnen Mais, 21'000 Tonnen Weizen und 277'000 Tonnen Kartoffeln.

Soyabohnen mit 254'000 Tonnen sind bedeutende Eiweißlieferanten.

An Gemüsearten sind zu nennen Chinakohl (3'359'000 Tonnen) und Rettich (1'738'000 Tonnen), die die Hauptgemüse für Kimch'i (eingelegtes Gemüse) darstellen, das unter anderem mit rotem Pfeffer und Knoblauch (1984 200'000 Tonnen) gewürzt ist.

An Zwiebeln wurden 1984 171'000 Tonnen geerntet.

Seite 137:
So ein Hochzeits-Hanbok wird üblicherweise ausgeliehen und steht dem ganzen Dorf zur Verfügung. Er wird aus der Dorfkasse bezahlt, von einer zuständigen Person verwahrt und bei Bedarf ausgegeben. Es gibt meist nur einen im Dorf.

Seite 138 oben:
Zwei Koreanerinnen im bunten Hanbok. Sie tragen saekdong- (bunt gestreifte) chŏgori (Blusen). Diese Blusen haben außer auf den Ärmeln auch am Kragen sowie an der Schleife (ot-korŭm) (welche immer so gebunden wird, daß sie rechts lange herabhängt) bunte Streifen.

Unten:
Frau in klassisch-einfach-elegantem Hanbok (heute trägt man mehr bunt) mit norikae-Quastenschmuck neben 700 Jahre altem Baum.

Seite 139 oben links:
Paar im Hanbok. Der Mann hat eine rosa paji (weite Hose), ein gleichfarbiges Hemd (chŏgori) und eine rote paeja (Jacke) an, die Frau einen roten ch'ima (Rock) und eine gelb-rote Bluse (chŏgori).

Oben rechts:
Haarschmuck im Haarknoten (nangja). Im Blickpunkt der pi'nyŏ (Haarpfeil).

Unten links:
Kleine Kinder im festlichen Hanbok. Oft finden wir Kranichmuster, weil der Kranich (hak) das Symbol langen Lebens ist. Die Neujahrsfeierlichkeiten sind für das kleine Mädchen hinten wohl ein wenig anstrengend.

Unten rechts:
Konfuzianischer Meister mit dem koreanischen Roßhaarhut, dem kat. Der kat wurde von den yangban bis gegen Ende der Yi-Zeit getragen, später auch von Bürgerlichen. Heute sieht man ihn sehr selten.

Seite 140 oben:
P'at' (rote Bohnen) beim Trocknen auf Reisstrohunterlage. Sie werden durcheinanderbewegt, damit sie gleichmäßig trocken werden. Für Reiskuchen (ttŏk) verwendet.

Unten:
In diesen Gefäßen wird Kimch'i aufbewahrt.

Seite 141 oben:
Kimjang (Zubereitung von Kimch'i). Die Paste für die Kimch'i ist schon fertig und die Chinakohlblätter warten nur mehr darauf, eingestrichen zu werden (s. Rezept!). Im blauen Gefäß geschnittener Porree.

Unten:
Die Gäste erhalten eine wärmende, würzige K'ongnamul-kuk (Bohnensprossensuppe).

Seite 142:
In einem Verkaufsladen für Kimch'i und eingelegte Eßwaren.

Seite 143:
Odeng wird gerne zwischendurch in der kalten Jahreszeit gegessen. Wurstartig aus Fisch, Aronwurz, Rettich u.a. bereitete Spießchen.

Seite 144 oben:
Scharfer Tchigae-Eintopf mit Wildenten-(ori) Eiern.

Unten:
Reiskuchen (ttŏk). Man stellt sie her, indem man Reis in Wasser aufweicht, abtropfen läßt und mahlt. Der feuchte Reisteig wird in einen siru (Tongefäß mit Löchern) auf einen Wassertopf gesetzt, der erhitzt wird. Der Teig wird durch das Dünsten zu einer festen Masse, die in Formen gepreßt wird. Durch Vermischen des Pulvers mit Lebensmittelfarben entsteht die bunte Vielfalt der Reiskuchen. Kein Neujahr wird ohne ttŏk gefeiert.

Seite 145 oben:
Tofu (Soyabohnenquark).

Unten:
Typisch für eine einfache koreanische Mahlzeit. Als Besteck dienen Löffel und Metallstäbchen. Der Reis und die Suppe (toenjang-guk, hier mit Gemüse und Anchovis als Inhalt) werden in Metallgefäßen, die für Korea charakteristischen Panch'an (Zuspeisen) meist in Porzellanschalen und -schälchen serviert.

Seite 146 oben:
Bauernkinder bei Tisch. Zu ramyon, einem Nudelgericht, ißt man scharfe Zuspeisen.

Unten:
Im Restaurant.

Seite 147 oben:
Die jüngere Generation erweist der älteren die Ehre durch sebae (Verbeugungen zu Neujahr). Die Frau ist gerade dabei, einen k'ŭnjŏl zu machen, eine große Verbeugung mit den Handrücken an der Stirn, die nur von Frauen vor den Eltern oder Schwiegereltern ausgeführt wird.

Unten links:
Kinder bei der Neujahrszeremonie. Der Knabe trägt zur Hose eine prachtvolle grüne paeja (Jacke), unter der ein hellblaues Hemd (chŏgori) zu sehen ist.

Unten rechts:
Kinder bekommen zu Neujahr Geld (nur neue Geldscheine), jetzt aber auch schon andere Geschenke.

Seite 148:
Nŏl-ttuigi (Hüpfen auf dem nŏl = Wippbrett) ist zu Neujahr sehr populär und traditionell den Mädchen vorbehalten, die dazu den Hanbok tragen. Die Wippe liegt auf einer alten, zusammengerollten Reisstrohmatte auf. Vor der Kälte schützt westliche Überkleidung und ein Feuer.

미원
맛나

Die rasche Verbreitung von Gewächshäusern trug stark zum Wachstum im Gemüsebau bei.

Die Obsternte umfaßt unter anderem 528'000 Tonnen Äpfel, von denen die um das Gebiet Taegu besonders bekannt sind, 261'000 Tonnen Mandarinen, 101'000 Tonnen Birnen, 98'000 Tonnen Pfirsiche und 69'000 Tonnen Persimonen (Kakifrucht).

Ginsenganbau gibt es vor allem im Gebiet von Kŭmsan und auf der Kanghwa-Insel.

Tabak wird in der Provinz Ch'ungch'ŏngbuk-do angebaut.

Maulbeerbüsche zur Seidenraupenzucht kommen im Hügelland des oberen Nakdong-Beckens vor. Die Seidenproduktion ist aber infolge ungünstiger Seidenmarktentwicklung stark zurückgegangen.

Die Viehzucht, die noch Anfang der siebziger Jahre keine große Rolle gespielt hatte, ist ebenfalls im Wachsen begriffen. 1984 zählte Süd-Korea 2,3 Millionen einheimische Rinder, 334'000 Milchkühe, 3 Millionen Schweine, 46,5 Millionen Hühner und 385'000 Ziegen.

Fischfang

Die koreanischen Gewässer bieten äußerst günstige Voraussetzungen für die Fischerei. Warme und kalte Meeresströmungen, wie der warme Kuroshio-Strom und die kalte nordkoreanische Riman-Strömung, treffen hier aufeinander, so daß sowohl tropische als auch Kaltwasserfische in Abständen von nur wenigen Kilometern gefangen werden können.

An der Ostküste finden wir Tintenfische (ojing'ŏ), Makrelenhechte (kkongch'i), den Alaskapollak, eine Dorschart, Garnelen und Lachse. Die Westküste ist reich an Degenfischen (kalch'i), den zu den Umberfischen gehörenden Chogi, Makrelen (kotŭng'ŏ) und Anchovis (myŏlch'i). Mit Ausnahme des Alaskapollaks sind diese Fische auch an der Südküste beheimatet.

Die Westküste bietet auch eine Unmenge von Schaltieren wie Meeresschnekken, Muscheln, Austern, große und kleine Garnelen und Abalone. Abalone wird für Perlmutteinlagen in Lackmöbeln verwendet.

Ferner finden wir in koreanischen Fischereigewässern Sardinen, Heringe, Schwertfische und Plattfischarten.

Die Fischerei war bis Anfang der sechziger Jahre ausschließlich auf den Küstenfischfang beschränkt. Von 470'000 Tonnen Gesamtmenge entfielen 450'000 Tonnen auf den Küsten- und nur 1'000 Tonnen auf den Tiefseefischfang.

Mit der Motorisierung und Modernisierung der Fischereiflotte (von 162'000 Tonnen Gesamttonnage waren 39'419 der insgesamt 45'504 Fahrzeuge unmotorisiert und nur 6'085 motorisiert, wohingegen 1985 von 858'471 Tonnen Gesamttonnage unter der Anzahl von 90'970 Fahrzeugen 71'836 motorisiert waren und nur 19'134 keinen Motor aufwiesen) wurde aber die Schaffung einer starken Hochseefischereiflotte möglich. Dies schlug sich in den Fangzahlen der Tiefseefischerei nieder, die 1985 767'000 Tonnen betrugen, wenn sie auch noch weit unter den 1'495'000 Tonnen des Küstenfischfanges lagen.

Thunfischfang mit Langleinen und Bonitofischerei sind hier besonders zu nennen, aber auch Garnelen sowie Dorsche in den nördlichen Meeren sind beliebte Fangziele. Die Schleppnetzschiffe (trawlers) wurden zunehmend in Fabrikschiffe umgewandelt, welche die Meeresprodukte an Ort und Stelle aufbereiten und exportieren.

Die wichtigsten und größten Fischereihäfen sind Mokp'o, Inch'ŏn, Sokch'o, P'ohang und Pusan.

Immer mehr an Bedeutung haben auch die Marinkulturen gewonnen, die von 18'000 Tonnen im Jahre 1962 auf 788'000 Tonnen 1985 zugenommen haben. Die Zucht umfaßt vor allem Garnelen, Austern (kul), Speisemuscheln, Meerlattich (kim), Seetang (miyŏk) und Agar Agar (hanch'ŏn), eine aus Rotalgenarten hergestellte Gallerte, die als mildes Abführmittel, zur Herstellung von Nährböden in der Bakteriologie, als Appretur in der Textilindustrie und als Geliermittel für Zuckerwaren verwendet wird.

Mit 3,1 Millionen Tonnen Fang (1985), von dem Produkte um 970 Millionen US-Dollar in den Export gingen, gehört Süd-Korea zu den großen Fischereinationen, die etwa in eine Reihe mit den USA gestellt werden kann (1981 3,77 Millionen Tonnen) und nur noch von Giganten wie Japan (1981 10,66 Millionen Tonnen) und der UdSSR erheblich übertroffen wird.

Industriemacht Süd-Korea

Nach dem Koreakrieg (1950–1953) war Süd-Korea in einer prekären Lage. Der Großteil der Industrieanlagen war zerstört, viele waren arbeits- und obdachlos und zwei Millionen Flüchtlinge verschärften noch mehr die Ernährungssituation. Süd-Korea war nicht imstande, sich selbst mit den notwendigsten Gütern zu versorgen und bedurfte ausländischer Hilfe. Von 1945 bis 1969 erhielt Süd-Korea Hilfslieferungen in der Höhe von drei Milliarden US-$.

1957 und 1958 übertrafen die Importe die Exporte um das Zwanzigfache und mußten zu 80% aus ausländischem Kapital finanziert werden. Die Sparrücklagen machten 1961 noch weniger als 5% im Vergleich zu heutigen 25% aus. Das Bruttosozialprodukt (BSP) betrug 1962 2,3 Milliarden US-$ (1985 87 Milliarden), und das Pro-Kopf-Einkommen lag mit 87 US-$ (1985 2'032 $) am unteren Rand der internationalen Einkommensskala. Die durchschnittliche jährliche Inflationsrate belief sich von 1954 bis 1969 auf 22,2%. Erschwerend zur wirtschaftlichen Situation kam noch ein jährliches Bevölkerungswachstum von 3%.

Der erste Fünf-Jahres-Plan (1962–1966) sah den Aufbau einer eigenen Konsumgüterindustrie vor, um die Importe einzuschränken. Die Infrastruktur wurde durch den Bau von Energiegewinnungsanlagen, Straßen, Eisenbahnen, Häfen verbessert.

Eine viel Arbeitseinsatz erfordernde Leichtindustrie stellte Textilien, Perükken und andere arbeitsintensive Produkte her und bildete den Kern der Exporte. Um diese zu begünstigen, wurde der Wŏn um 100% abgewertet.

Süd-Koreas Kapitalbildung war noch so schwach, daß 52% der Investitionen des ersten Fünf-Jahres-Plans mit ausländischem Kapital finanziert werden mußten. Anfänglich bestanden die Kredite aus Regierungsanleihen, ab 1965, mit verbesserter Wirtschaftssituation, ergab sich auch die Möglichkeit von Privatanleihen. Echter wirtschaftlicher Aufschwung begann sich aber erst in den späten sechziger Jahren abzuzeichnen.

Der zweite Fünf-Jahres-Plan kurbelte die Leichtindustrie an, deren forcierten Exporten aber Anfang der siebziger Jahre durch Importrestriktionen der Industriestaaten entgegengetreten wurde.

Das rapide Hinaufschnellen der Ölpreise (1973/1974) traf die süd-koreanische Wirtschaft sehr. Die steigenden Preise für Importgetreide belasteten ebenfalls das Budget und verstärkten das Bestreben um Selbstversorgung. Bewässerungsanlagen wurden gebaut und die Saemaŭl (Neue Dorf-Bewegung) ins Leben gerufen, welche die Bauern zur Selbsthilfe und Kooperation anregte und sie dabei unterstützte. Sie konnte beachtliche Erfolge verbuchen: Flußböschungen wurden befestigt, Wege ausgebaut, Brücken errichtet, Brunnen durch Wasserleitungen ersetzt oder ergänzt, Elektrifizierungen durchgeführt und Dorf-Gemeinschaftshäuser errichtet. Durch die Saemaŭl-Bewegung stieg der Lebensstandard in den Dörfern an. Im dritten Fünf-Jahres-Plan (1972–1976) wendet sich Süd-Korea der Schwer- und chemischen Industrie zu, der es eine bedeutende Stellung einräumt, die es durch einen eigenen Entwicklungsplan für diese Sparte noch verstärkt. Der Anteil der Produkte der Schwer- und chemischen Industrie an den Exporten stieg daraufhin von 21,3% 1972 auf 34,7% 1978. Die Finanzierung erfolgte durch Mittel, die aus dem Pensionsfond öffentlicher Angestellter und privaten Spareinlagen aufgebracht wurden. Die Regierung setzte als Anreiz zur Inanspruchnahme dieser Gelder sehr niedrige Zinsen fest, und viele Firmen verschuldeten sich hoch. Ein Investitionsboom in kapitalintensive Industrien setzte ein. Die massive Investition in neue Industrien verringerte aber die Gelder für die Leichtindustrie, die an Wettbewerbsfähigkeit verlor.

In der Bauindustrie konnte Süd-Korea große Wachstumsraten erzielen, vor allem im Mittleren Osten. Über 120'000 Koreaner waren dort an Projekten tätig und konnten wertvolle Erfahrungen für sich und ihre Firmen gewinnen. Der Abgang so vieler Facharbeiter ins Ausland und die gesteigerte Nachfrage an qualifizierten Arbeitern im Inland durch die Entwicklung der Schwerindustrie führten zu Lohnsteigerungen und ließen die Schere zwischen unqualifizierten und Facharbeitern noch weiter auseinanderklaffen. Die Lohnanstiege waren höher als die Produktivitätsrate und verringerten die koreanische Wettbewerbsfähigkeit im Export. Das aus dem Mittleren Osten nach Süd-Korea transferierte Kapital vergrößerte das Geldangebot und wirkte inflationär.

Verschiedene Maßnahmen der Regierung auf dem landwirtschaftlichen Sektor erreichten zwar höhere Ernten und ein höheres Einkommen der ländlichen Bevölkerung, starke Getreidestützungen schlugen sich aber in einem entsprechenden Budgetdefizit nieder, das ebenfalls zur Inflation beitrug. Die Preise stiegen um die 18% jährlich von 1972 bis 1979 im Vergleich zu nur 12% von 1962 bis 1971.

Investitionen in neue Industrien brachten augenscheinliche Erfolge und stellten zum Beispiel eine Elektronik- und Schiffsbauindustrie auf die Beine.

In den siebziger Jahren erhalten gegenüber Auslandsanleihen ausländische Direktinvestitionen vor allem Amerikas und Japans (Aussöhnung mit Japan 1965 bildete dafür die Grundlage) immer mehr Bedeutung. Den Firmen werden Industriegelände bereitgestellt, steuerliche Erleichterungen gewährt. Ausländer investieren wegen der niedrigen Lohnkosten vor allem in arbeitsintensive Industriezweige. Süd-Korea bekommt dadurch hochmoderne Technologien ins Land. Das ausländische Kapital, das während des ersten Fünf-Jahres-Planes (1962–1966) 300 Millionen US-$ betrug, belief sich zur Zeit des vierten Planes (1977–1981) bereits auf 10,7 Milliarden $.

1979 und 1980 erlebt Süd-Korea eine starke Rezession. Die Erdölpreiserhöhungen durch die OPEC verursachten einen starken Anstieg der Auslagen für dieses. Die Ermordung von Präsident Park Chung Hee im Oktober 1979 trug zur politischen und sozialen Instabilität bei und führte zu verringerten Investitionen und Konsumausgaben. 1980 brachte noch dazu eine sehr schlechte Ernte, und so schrumpfte die Wirtschaft um 5,2%, die Preise stiegen um 38%.

1981 ist die Wirtschaft mit 6,6% Wachstum aber wieder auf Aufwärtskurs. Das Handelsbilanzdefizit kann laufend verringert werden und beträgt 1985 nur mehr etwa 30 Millionen $.

Die achtziger Jahre sehen eine ausgewogenere Unterstützung der verschiedenen industriellen Sektoren vor. Den Überinvestitionen in die Schwer- und chemische Industrie werden Maßnahmen entgegengesetzt. Es wird auch ein Umstieg von Niedriglohnindustrien (Textilindustrie) auf hochentwickelte Industrien unternommen.

Ein Problem Koreas ist seine Rohstoffarmut. Reichhaltige Vorkommen, im weltweiten Maßstab gemessen, finden wir nur an Wolfram. Von den 31,1 Milliarden $, die 1985 für Importe aufgewendet werden mußten, betrugen demzufolge auch die für Öl 5,6 Milliarden und die für andere Rohstoffe 11,8 Milliarden.

Andere Importartikel sind Transportmittel wie zum Beispiel Flugzeuge, Maschinen, elektrische und elektronische Produkte und auch noch um etwa eine Milliarde $ Getreide. Japan beliefert Süd-Korea hauptsächlich mit verarbeiteten Waren, die USA sowohl mit Rohstoffen als auch Investitionsgütern, der Mittlere Osten mit Öl und Australien mit Getreide und Kohle.

Die Exporte, die 1962 erst 50 Millionen $ betrugen, sind auf 30 Milliarden 1985 angewachsen. Protektionismus seiner Partnerländer erschwert diese, die fast ein Drittel des Bruttosozialproduktes ausmachen, in zunehmendem Maße. Die wichtigsten Exportländer stellen die USA mit 35,5% der Exporte (Importe 20,8%) und Japan mit 15% (Importe 24,3%) dar.

Traditionell bildet die Textilindustrie den größten Industriezweig. Textilexporte stehen mit 23% der gesamten Exporte an der Spitze und machen Süd-Korea zum zehntgrößten Textilproduzenten der Welt. Koreanische Produkte sind billig, gut in der Qualität und genießen daher einen guten Ruf auf dem Weltmarkt. Süd-Korea ist auch der sechstgrößte Chemiefasernproduzent.

Den zweitgrößten Exportartikel bilden Schiffe. Die Schiffbauindustrie, 1960 – noch hauptsächlich auf Küstenfischfangboote und kleinere Fahrzeuge zur einheimischen Verwendung beschränkt, erfuhr mit der Fertigstellung der Hyundai-Schiffswerft 1974, einer der größten der Welt, eine enorme Kapazitätsausweitung. Der Bau eines Supertankers von einer Milliarde BRT ist ohne weiteres möglich. Die Exporte auf diesem Sektor beliefen sich auf 16,7% der Gesamtexporte (5,03 Milliarden $) von 1985 (1973 betrugen sie erst 0,06%).

1973 wurde das erste Eisen- und Stahlwerk (P'ohang Eisen- und Stahlgesellschaft; POSKO) fertiggestellt. Es wurde errichtet, um die stahlverbrauchenden Industrien wie die Schiffsbau-, Maschinen- und Automobilindustrie damit versorgen zu können. Von den Rohstoffen, die für die Stahlindustrie benötigt werden, ist allerdings nur Kalkstein ausreichend vorhanden. Süd-Korea erzeugt derzeit mit 13,5 Millionen Tonnen 76,3% der Inlandsnachfrage. Es exportiert etwa ein Drittel seiner Produktion (Platten, Rohre, Baustahl unter anderem) im Werte von 2,6 Milliarden $. Mit 1,068 Milliarden $ an Wert sind auch Maschinenausrüstungen ein wichtiger Ausfuhrposten.

Die Automobilindustrie begann 1963 mit der Montage ausländischer Fahrzeuge. 1975 wurde eine eigene Automobilproduktion aufgenommen. In den frühen achtziger Jahren wurden große Investitionen in der Automobilindustrie getätigt, Vereinbarungen mit ausländischen Autoherstellern und Ersatzteilfertigern über technische Hilfeleistung getroffen. Die Produktion konnte von 123'000 Stück im Jahre 1980 auf 378'000 im Jahre 1985, davon 263'000 PKW, verdreifacht werden. Der Export konnte von 16'000 Fahrzeugen 1981 auf 123'000 Einheiten 1985, davon 119'000 PKW, gesteigert werden. Hauptexportmarkt war Kanada. Seit 1986 begann Hyundai, der größte Automobilhersteller Koreas, seinen Pony Excel auch in die Vereinigten Staaten zu liefern.

Ein Industriezweig, der rasch im Wachsen begriffen ist, und immer mehr an Bedeutung gewinnt, ist die Elektronik. 1969 war ein Acht-Jahres-Plan für diese Sparte aufgestellt worden. 1980 gehörte Süd-Korea schon zu den zehn größten Elektronikproduzenten. Waren für 7,3 Milliarden $ wurden 1984 produziert, davon für den Export im Wert von 4,2 Milliarden (1971 89 Millionen $ Export). Die Elektronikindustrie ist die drittgrößte Exportbranche und bietet eine bunte Palette von Erzeugnissen an. Integrierte Schaltkreise, Transistoren, Radiogeräte, Stereoanlagen, Tonbandgeräte, Farbfernsehgeräte, Videorecorder, Fernsehspiele, Ton- und Videokassetten, Halbleiter, Rechner, Kleincomputer, Computer-Bauelemente und Mikrowellenherde gehören dazu. Die Importe machten 1984 3,2 Milliarden $ aus. Die Industrie wird derzeit von einem Lieferanten für Bestandteile auf Herstellung fertiger Waren und Ausrüstung weiterentwickelt.

Die Petrochemie stellt immer mehr Produkte wie Äthylen, Plastik, synthetische Gummi, PVC-Waren und alle Arten moderner Kunststoffe her.

Ferner sind an Exportartikeln Süd-Koreas zu nennen: Sperrholz (größtes Sperrholzwerk der Welt), Schuhe, Uhren, optische Linsen, Brillen, Papier. Auch koreanische Klaviere tauchen immer häufiger auf unseren Märkten auf.

Süd-koreanische Baufirmen sind in mehr als 30 Ländern, im Mittleren Osten, Südostasien, Afrika und Lateinamerika, mit 160'000 koreanischen Facharbeitern tätig. Seine Energie bezog Korea 1984 zu 49% aus Öl (53,8 Millionen Tonnen Ölverbrauch), zu 22% aus Atomkraft, 25% aus Kohle und 4% aus Wasserkraft. 1991 wird der benötigte Strom zu 41% aus Atomkraft und zu 10% aus Erdgas gewonnen werden.

Die Struktur der Wirtschaft hat sich in den letzten zwei Jahrzehnten stark verändert. Der Anteil des Primärsektors am Bruttosozialprodukt fiel von 42,5% (1966) auf 15% (1985). Land- und Forstwirtschaft und Fischerei hatten noch 1963 63,1% der Bevölkerung mit Arbeit versorgt. 1985 waren es nur mehr 24,9%.

Der Sekundärsektor (Bergbau und verarbeitende Industrie) nahm von 13,4% 1966 auf 33,4% 1985 zu. Dienstleistungen erhöhten sich nicht so stark, von 44,1% Anteil 1966 auf 51,6% 1985.

Wir sehen, wie kräftig der Anteil der Industrie am Bruttosozialprodukt gestiegen ist und sich der der Landwirtschaft verringert hat. Dies hat zu starker Abwanderung aus den ländlichen Gebieten vor allem nach Sŏul geführt, das einen übergroßen Anteil an Arbeitsplätzen, Entscheidungsträgern und Firmensitzen aufweist und Unzufriedenheit der Provinzstädte mit deren langsamerer Entwicklung auslöst.

Der sechste Fünf-Jahres-Plan (1987–1991) sieht für 1991 ein Bruttosozialprodukt von 3'650 US-$ vor, die Exporte sollen 55 Milliarden $, die Importe 52 Milliarden $ betragen, so daß ein leichter Handelsüberschuß bestehen wird.

Ein stabiles Langzeitwachstum wird angestrebt. Die Rolle der Regierung soll von einer regulierenden, eingreifenden zu einer fördernden verändert werden, kleinen und mittleren Industrien verstärkt das Augenmerk gewidmet werden. Mißbräuchen der wirtschaftlichen Macht der Großunternehmen soll begegnet, Übernahmen kleinerer Firmen durch diese erschwert werden. Die Sparrate soll von 28,4% 1985 auf 33% (1991) angehoben werden.

Süd-Korea hat sich seinen wirtschaftlichen Aufstieg durch starke Auslandsverschuldung erkaufen müssen und ist mit 46,8 Milliarden $ der viertgrößte Schuldner der Welt. Seine Exporteinkünfte setzen Süd-Korea aber in die Lage, seine Zahlungen termingerecht zu leisten. Es gilt als guter Schuldner und kreditwürdig.

Die Forschungen zur Entwicklung neuer Produkte haben ihre Schwerpunkte vor allem in den Bereichen Halbleiter, Computer, Maschinenbau und Automation, Fernmeldewesen, Kernkraftwerkssicherheitsmaßnahmen, Chemie, Umweltschutz.

Feste und Feiertage

Die ersten drei Tage des Jahres werden offiziell als Neujahr (Sinjŏng = neues Neujahr, im Gegensatz zum traditionellen des Mondkalenders) begangen. Hatten bis vor kurzem noch viele Familien das Mondneujahr (Sŏl, Kujŏng) gefeiert, so ist, besonders in den Städten, der Übergang des Brauchtums vom Mondneujahr auf das des Sonnenkalenders zu beobachten.

Die Familienmitglieder stehen zeitig auf und ziehen ihre schönsten Kleider an. Die Jüngeren verbeugen sich vor Eltern und Großeltern und bekräftigen damit deren Stellung in der Familie. Diese Verbeugungen werden Sebae genannt. Sie überbringen auch der Nachbarschaft, den Verwandten und Bekannten der Umgebung ihre Neujahrswünsche.

Die Frauen kochen Gerichte für die Ahnen, deren in besonderen Ritualen gedacht wird. Festliche Speisen werden zubereitet. In jedem Haus wird eine Ttŏk-kuk gegessen. Ttŏk ist gedünsteter und zermalmter Reis, der, festgeworden, als Reiskuchen auf verschiedene Weise gegessen wird. Bei der Ttŏk-kuk wird Ttŏk in die Suppe (kuk) geschnitten.

Auf dem Land sieht man Mädchen im prächtigen Hanbok beim Nŏl-ttuigi (nŏl = Brett, ttuigi = hüpfen), das heißt hüpfen auf dem Wippbrett. Die Wippe liegt auf einem Stein oder einem mit Reisstroh gefüllten Sack auf. Frauen durften in alter Zeit nicht außerhalb des Hofes spazieren gehen und nutzten das Brett, um einen flüchtigen Blick auf die Welt draußen zu erhaschen. Die Zeiten haben sich geändert, man wippt aber immer noch gern und es kann nicht hoch genug sein.

Zu Neujahr ist auch auf dem Lande der Nong'ak (Bauern-)Tanz zu sehen, der von allen Volkstänzen am populärsten ist und auch den ältesten bestehenden Tanz Koreas darstellt. Heute vielfach zum Volkstanz geworden, wurde er ursprünglich getanzt, um böse Geister zu bannen und gute herbeizurufen. Er ist somit stark schamanistisch beeinflußt. Fast jedes Ereignis im agrarischen Lebensrhythmus bot einen Anlaß für ihn. Natürlich stellt neben der Bitte um gutes Wachstum und reiche Ernte auch eine Zeit der Wende wie der Jahreswechsel solch einen Anlaß dar.

Regional werden zwei Arten von Bauerntanz unterschieden: Die chwado-kut (östliche) und die südwestliche Form, die udo-kut. Erstere ist schneller, akrobatischer. Das durch rasche Kopfbewegungen bewirkte Drehen der an den Hüten befestigten langen Bänder ist typisch für sie. Letztere zeichnet sich durch mehr Verfeinerung und weniger Akrobatik aus, die Musik ist komplexer und kontrapunktischer. Heute werden beide Stile oft vermischt, da die Udo-Musik interessanter, der Chwado-Tanz aber attraktiver ist. Nong'ak-Musik ist den Koreanern traditionell am meisten vertraut und erweckt heimatliche Vorstellungen.

Sehr beliebt ist auch das Yut-Spiel zu Neujahr. Bei diesem Spiel werden vier Hölzchen verwendet, die, da man sie aus einem Holzstück, das man der Länge nach halbierte, erhalten hat, eine flache und eine runde Seite aufweisen. Man wirft die Stäbchen, die unseren Würfeln entsprechen, in die Luft und läßt sie aus etwa einem Meter Höhe auf eine Matte fallen. Sie können nun folgendes Bild ergeben: 1) eines zeigt mit der flachen Seite nach oben und drei mit der runden;

2) zwei flache und zwei runde Seiten; 3) drei flache und eine runde Seite; 4) vier flache Seiten; 5) vier runde Seiten.

Je nach Resultat kann man auf dem neben der Matte befindlichen Spielbrett vorrücken. Wer zuerst wieder den Ausgangspunkt erreicht, hat gewonnen. Das Spiel wird meist in zwei Gruppen gespielt, die maximal je vier Steine auf dem Spielbrett zur Verfügung haben. Ein Spieler darf einen gegnerischen Stein hinauswerfen, wenn er die erforderliche Punktezahl er„yut"tet. Ein schon von einem Gruppenmitglied eingenommenes Feld kann doppelt besetzt werden. Die Gruppe, die aus wesentlich mehr Mitgliedern bestehen kann, bespricht nach einem Yut-Wurf, mit welchem Stein vorgerückt werden soll.

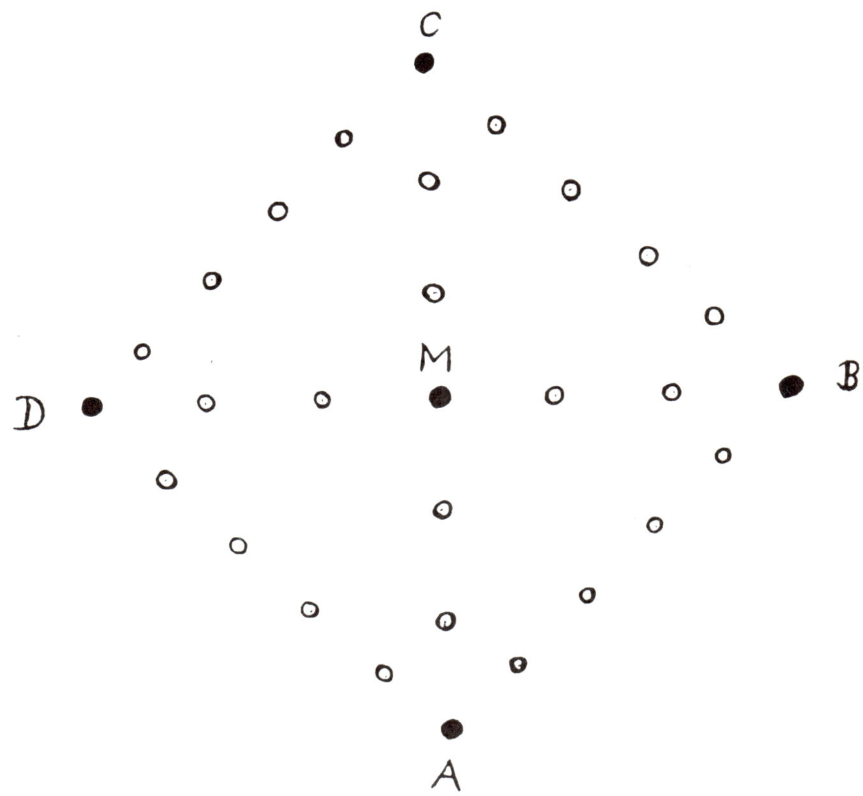

Man startet vom Punkt A und muß auch wieder zu diesem zurückkommen. Hat man Glück, kann man bei Punkt B abbiegen und über D nach A zurückkommen. Nur in den seltensten Fällen wird man das Glück haben, auf dem kürzestmöglichen Weg von A über B und M nach A zu gelangen. Meist wird man die Strecke über C und M oder den Außenkurs über D nehmen müssen.

Zu Neujahr und während des ganzen ersten Monats sieht man junge Leute in Städten und Dörfern Drachen (yòn) steigen lassen, die meist aus Bambus und Papier gefertigt sind. Gelegentlich versucht man auch in Wettbewerben, die eigene Schnur, an die zerriebenes Glas aufgeklebt ist, mit der Schnur eines anderen Teilnehmers zu kreuzen, diese so durchzuschneiden und den gegnerischen Drachen zum Absturz zu bringen. Wer geschickter manövriert, trägt den Sieg davon.

Am Ende des ersten Monats (nach dem Sonnen- oder Mondkalender) läßt man oft die mit „Fort mit dem Bösen, herbei mit dem Glück" beschriebenen Drachen vom Wind davontreiben und hofft so, auch das Unheil vertrieben zu haben.

Manche Familien genießen zwar die freien Tage zu Sinjŏng, gehen vielleicht mit den Kindern, wenn sie in der Stadt leben, in den Tierpark, feiern aber traditionell zum Mondneujahr (etwa einen Monat später), an dem sie sich zwei bis drei Tage frei nehmen, um mit der Familie die Ahnenzeremonien abhalten zu können, die Gräber zu besuchen und anderes mehr, was wir oben schon beschrieben haben. Der Mondneujahrstag wurde ebenfalls zu einem öffentlichen Feiertag erklärt und wird Folklore-Tag (Minsok-ŭi-nal) genannt.

Seite 157:
Traditionelles Schaukeln im Hanbok; hauptsächlich zur Tan'o-Zeit, hier aber zu Neujahr. Auf der Schaukel (kune) wird immer gestanden.

Seite 158:
Bauerntanz (Nong'ak): bei wichtigen Ereignissen im bäuerlichen Jahresablauf wie Aussaat und Ernte treffen wir den Bauerntanz an. Trotz seines hohen Alters ist der Tanz für Improvisationen offen und wird neuerdings auch als profaner Volkstanz sehr geschätzt.

Seite 159:
Bauerntanz. Die Tänzer, die von Haus zu Haus gehen, sind hier im Hof eines Hauses versammelt. Im Vordergrund sehen wir ein Gefäß, das mit Reis gefüllt ist, in dem eine Kerze (Licht, Phallus) steckt.

Seite 160:
Wettbewerb im Drachensteigen in Sŏul. Die Wettbewerbsteilnehmer bringen ihre Drachen selbst mit, die anderen erwerben sie bei einem Verkaufsstand (Bild oben rechts).

Unten:
Der mehrfache Sieger des Wettbewerbs.

Seite 161 oben links:
Pukch'um (Trommeltänze) werden meist von Frauen getanzt, dieser Tanz aus Chindo aber nur von Männern. Dieser Tanztrommler benützt, im Gegensatz zu den meisten anderen derartigen Trommeltänzen, zwei Schlegel.

Oben rechts:
Der Kugomu (Neun-Trommel-Tanz) entstand aus der säkularisierten Form des Mönchtanzes (sŭngmu), der den menschlichen Kampf zwischen Geist und Versuchung zum Inhalt hatte. Bei diesem Tanz schlagen mehrere Tänzerinnen in rasendem Tempo die Trommeln, die in Rahmengestellen aufgebaut sind.

Unten:
Sogoch'um, Tanz mit kleiner Handtrommel. Beginnt langsam und verhalten und steigert sich im Tempo.

Seite 162:
Metallgießen nach alter handwerklicher Tradition.

Seite 163 oben:
Ginsengwurzel. Es gibt zwei Qualitätsstufen: rot (hong) und weiß (paek). Die besten Ginsengs werden für die Rotqualität verwendet, bei der die Wurzel gedämpft wird, bis sie eine leicht rötliche Färbung annimmt. Der stärkende Ginseng wird bei Erkältung, Erschöpfung und Ermüdung, aber auch bei einem Kater nach reichlichem Alkoholgenuß sehr geschätzt.

Unten:
Ginsengkultur. Die mit Strohmatten abgedeckten Ginsengkulturen brauchen vier bis sechs Jahre zur Reife. Ein spezieller Dünger aus Kastanienblättern sorgt für die idealen Nährstoffe.

Seiten 164/165:
Handakupunktur wird so häufig praktiziert, daß man sie als eine Spezialität Koreas bezeichnen kann. Alle Körperregionen haben ihre entsprechenden Reflexpunkte auf der Hand und den Fingern. Die Größe der koreanischen Nadeln liegt zwischen den chinesischen (relativ lang) und den japanischen.

Seiten 166/167:
T'ae'kwŏn-do, die koreanische Form des Karate, findet auch in Europa immer mehr Anhänger.

Seite 166 oben:
Tollyŏ-ch'agi (Drehkick).

Unten:
Yop'-ch'agi (Seitwärtsfußstoß). Abwehr erfolgt mit Sonnal-makki (Handkantenblock).

Seite 167 oben:
Zwei typische T'ae'kwŏn-do-Techniken in Anwendung: Momt'ong-tchirŭgi (Mittelfauststoß) und P'alkup-ch'igi (Ellbogenstoß).

Unten:
Der Angegriffene blockt gerade mit dem Bein den Fauststoß des Gegners, um dann mit einem Tuit-ch'agi (Rückwärtsfußstoß) fortzusetzen.

Seite 168 oben:
Yut-Spiel. Auf der Matte werden die Yut-Hölzer geworfen, auf dem Brett daneben die Spielzüge gemacht (siehe Kapitel „Feste und Feiertage"). Die Yut-Hölzchen dienen auch als Orakel für die Ernte. Die Spieler werden in zwei Parteien, die Berg- und die Flachlandseite, geteilt. Gewinnt die Bergseite, gibt es schlechte Ernte, trägt das flache Land den Sieg davon, ist gute Ernte zu erwarten. Bei einer anderen Form spielen die Frauen gegen die Männer. Siegen die Frauen (Erdboden = weibliches Prinzip) steht gute Ernte bevor. Demzufolge wird darauf geachtet, daß die Frauen gewinnen.

Unten:
Bogenschießen wurde in Korea seit alters her gepflegt, gehörte es doch zu den klassischen konfuzianischen „Sechs Künsten" (yuk-ye), das sind: Etikette (ye), Musik (ak), Bogenschießen (sa), Wagenlenken (ŏ), Schönschreibkunst (sŏ) und Mathematik (su).

9

창작부
5

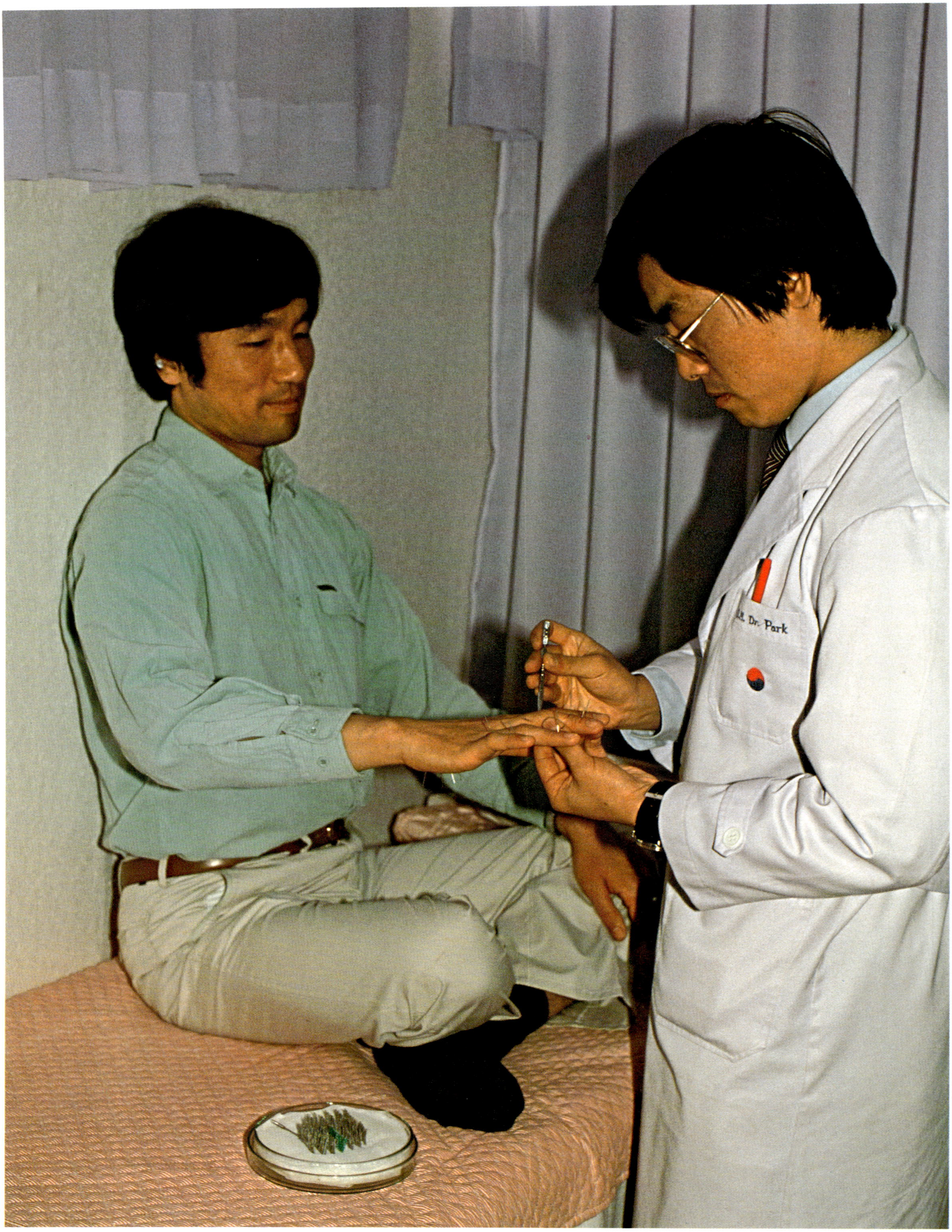
Dr. Park

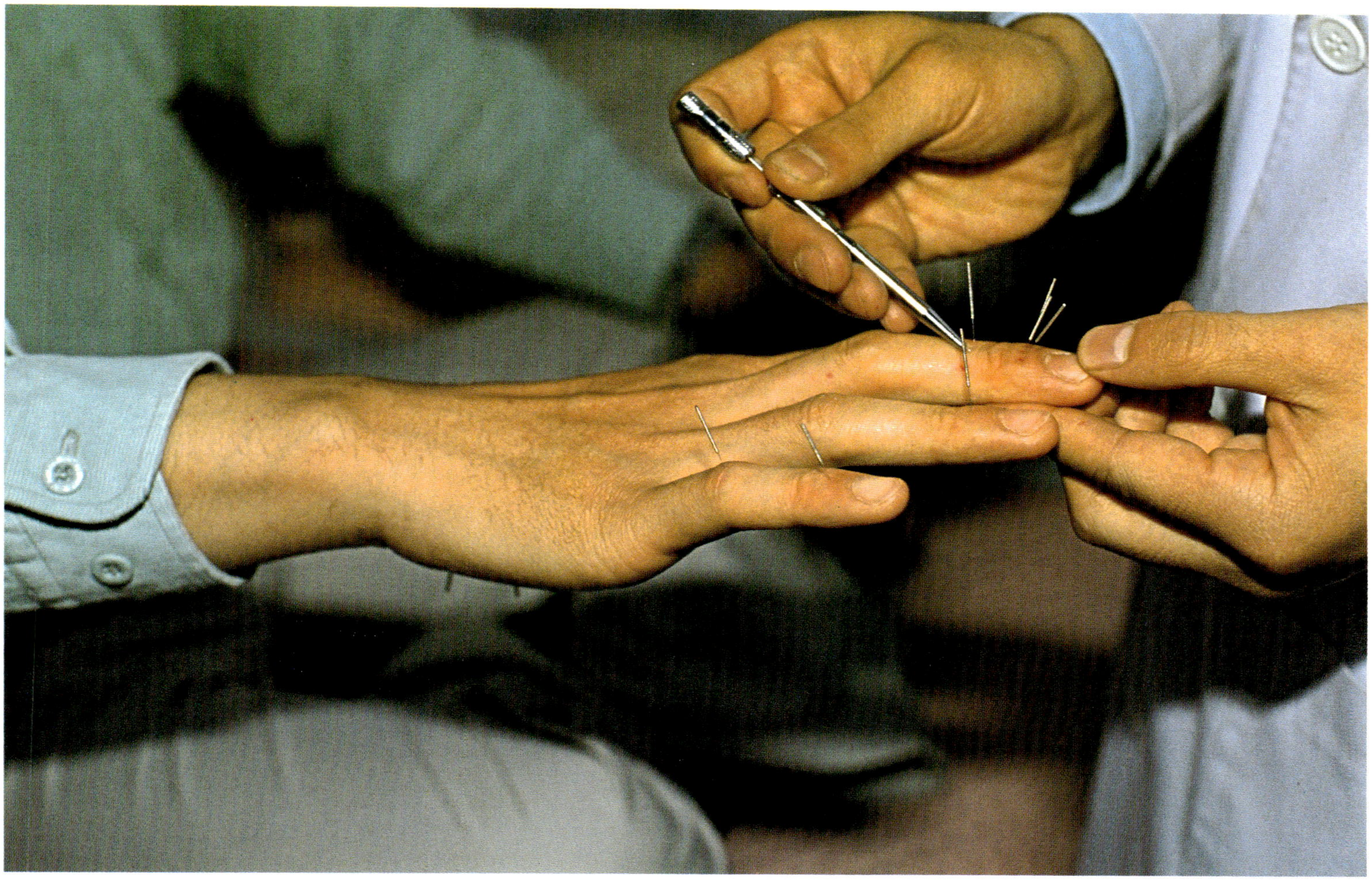

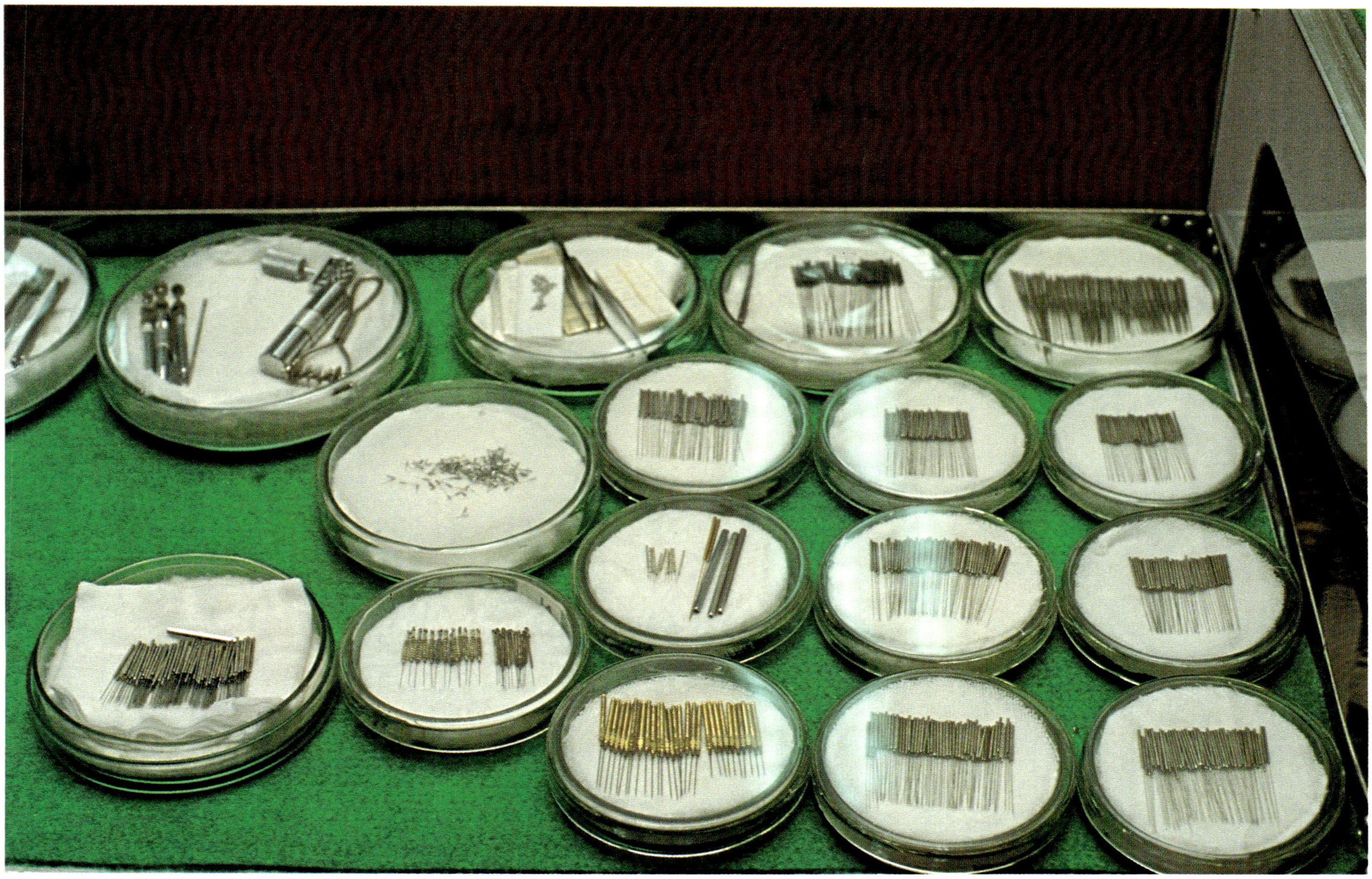

2
3

Am 1. März wird der Tag der Unabhängigkeitsbewegung (Samil-chŏl) begangen. 1919 fanden landesweite Demonstrationen für die Befreiung von der japanischen Kolonialherrschaft statt, die zwar nicht den gewünschten Erfolg brachten (siehe Geschichtskapitel), aber den Unabhängigkeitsgedanken im Volk verankerten. An diesem Tag wird jedes Jahr im Pagoden-Park in Sŏul die Unabhängigkeitserklärung verlesen.

Der 5. April ist von der Regierung als Baumpflanztag (Singmok-il) festgelegt worden, um den Gedanken des Baumschutzes landesweit zu verbreiten und das Aufforstungsprogramm der Regierung zu unterstützen. Präsident, Regierungsbeamte, Bürgermeister, Lehrer und Schüler pflanzen überall im Lande Bäume.

Am 8. Tag des vierten Monats nach dem Mondkalender wird Buddhas Geburtstag (Sŏkka-t'an'il) festlich gedacht. Die Tempel, in denen feierliche Zeremonien stattfinden, werden von vielen Leuten aufgesucht. Der Tag endet mit einem Laternenumzug durch die Straßen.

Der Einführung als nationalen Feiertag im Jahre 1975 waren, von vielen als berechtigt angesehene Proteste buddhistischer Gläubigen vorangegangen, daß es in einem Land mit so langer buddhistischer Tradition wie Korea zwar einen christlichen Feiertag (Weihnachten) gebe, aber noch keinen buddhistischen. Die offizielle Anerkennung des Tages als öffentlichen Feiertag machte dem Unmut ein Ende.

Der 5. Mai, früher „Knabentag", ist jetzt ein Tag für alle Kinder, der Orin'i-nal (Kindertag). Er wurde 1975 zu einem nationalen Feiertag erklärt, um die Aufmerksamkeit verstärkt auf die Wichtigkeit der Institution Familie zu lenken. Kinder werden mit prächtigen traditionellen Gewändern aufgeputzt und mit ihnen kleine Ausflüge beziehungsweise Spaziergänge unternommen. Die Parks und Kinderzentren wimmeln von ihnen.

Tan'o, am 5. Tag des fünften Monats, bildet zusammen mit Sŏl und Ch'usŏk einen der drei größten Festtage des Mondkalenders. Charakteristische sommerliche Speisen werden den Ahnen dargebracht. Weil an diesem Tag die Mädchen in Stadt und Land um die Wette schaukeln, wird Tan'o auch „Schaukeltag" genannt. Die Mädchen schaukeln stehend, oft auch zu zweit, in schönem Hanbok auf einer Schaukel (kune), die an langen Seilen von einem hohen Baum, meist einer Weide, herabhängt.

Der 6. Juni, der Hyŏnch'ung-il, ist ein Volkstrauertag, an dem man die Gefallenen des Koreakrieges ehrt und Gedenkfeiern auf dem Nationalfriedhof in Sŏul abhält. Der 17. Juli ist der Chehŏn-jŏl, der Tag der Verfassung, die 1948 proklamiert wurde. Auf öffentlichen Plätzen finden patriotische Versammlungen statt.

Kwangbok-chŏl, der „Tag der Befreiung" am 15. August, erinnert an das Ende der japanischen Besatzung im Jahre 1945, aber auch an die Gründung der Republik Korea am selben Tag des Jahres 1948. Es ist ein Tag der Ansprachen, Paraden und anderer Aktivitäten koreanischer Patrioten.

Zu Ch'usŏk, am 15. Tag des achten Monats, werden die Ahnengräber besucht, gepflegt und für die Verstorbenen gebetet und ihnen Opfer dargebracht, zu denen auch der einen Monat vor der normalen Ernte reif werdende Frühreis gehört. Besondere Speisen wie Songp'yŏn (halbmondförmige Reiskuchen) werden an diesem Tage zubereitet, die auch im Zeichen der Bitten um eine gute Ernte stehen. Am Abend betrachtet man den Vollmond. Ch'usŏk ist einer der Tage, an dem die koreanische Feiertagskleidung ausgeführt wird.

Am 1. Oktober, dem Tag der Armee (Kukkun-ŭi-nal), finden viele Paraden statt.

Der 3. Oktober ist der „Staatsgründungstag", an dem der mythische Tangun im Jahre 2333 v. Chr. einen ebenso mythischen Thron bestiegen hat. Dieses „Fest der Himmelseröffnung" (Kaech'ŏn-jŏl) wurde interessanterweise erst nach dem letzten Weltkrieg in Südkorea als Feiertag eingeführt.

Am 9. Oktober, dem Hangŭl-ŭi-nal, wird der Bekanntmachung der Buchstabenschrift Hangŭl durch König Sejong im Jahre 1446 gedacht. Bis dahin waren ausschließlich die chinesischen Zeichen verwendet worden.

Weihnachten (K'ŭrisŭmasŭ oder Sŏngt'anjŏl), in Südkorea nationaler Feiertag, ist ein Fest geworden, das nicht nur von Christen gefeiert wird.

Sport

Es ist vielleicht noch zu wenig bekannt, daß Korea auf dem sportlichen Sektor große Anstrengungen unternimmt und die Leistungen der koreanischen Sportler sich von Jahr zu Jahr steigern. Wurden sie 1976 bei den Olympischen Spielen in Montreal noch 19. von über 100 Teilnehmerländern mit einer Gold-, einer Silber- und vier Bronzemedaillen, so erreichten sie bei der Olympiade in Los Angeles 1984 bereits den zehnten Platz mit 19 Medaillen: sechs Gold-, sechs Silber- und sieben Bronzemedaillen.

In Südkorea gibt es jährlich mehrere nationale Sportfeste: das Nationale Sportfest wird im Oktober abgehalten, umfaßt eine breite Palette von Sportarten und wird abwechselnd in den großen Städten Sŏul, Pusan, Taegu, Kwangju und Inch'ŏn abgehalten.

Beim Nationalen Wintersportfest wird eisgelaufen, skigefahren, man spielt Eishockey und auch Biathlon darf nicht fehlen.

Das Nationale Sportfest für Kinder findet seit 1972 statt und trägt viel zum Erkennen von jungen Talenten bei.

Südkorea hat sich auch als Gastgeber verschiedenster asiatischer und internationaler Sportveranstaltungen einen Namen gemacht. 1986 war es zum Beispiel Gastgeber der Zehnten Asiatischen Spiele in Sŏul.

Die Ersten Asiatischen Spiele fanden 1951 in New Delhi statt. Im August 1948, auf der 14. Olympiade in London, waren die Repräsentanten von sechs asiatischen Ländern, darunter auch Korea, übereingekommen, Asiatische Spiele abzuhalten. An diesen ersten konnte Korea wegen des Koreakrieges freilich nicht teilnehmen. Diese Spiele finden seither wie eine Olympiade vierjährlich statt, aber immer genau zwischen zwei Olympischen Spielen. 1982 hatte Korea bei den Neunten Asiatischen Spielen in New Delhi in der Nationenwertung mit 28 Gold-, 28 Silber- und 37 Bronzemedaillen den dritten Platz belegt. Als Veranstalter der Zehnten Spiele in Sŏul trachtete es natürlich, dieses Ergebnis noch zu verbessern. Es bereitete seine Athleten gründlich auf diese Spiele vor und erreichte 93 Gold-, 55 Silber- und 76 Bronzemedaillen. Es lag knapp hinter China und belegte noch vor Japan den zweiten Platz. 4'800 Sportler aus 27 Ländern hatten daran teilgenommen und elf Weltrekorde waren gebrochen worden.

Welche Sportarten sind nun in Korea besonders populär? – Die populärste Sportart in Korea ist wohl Fußball. Korea gehört zu den führenden Nationen im asiatischen Fußball. 1986 gewann es die Goldmedaille bei den Asiatischen Spielen.

Baseball wird sehr in den Schulen gefördert. Gymnasial- und Universitätswettkämpfe in Baseball gehören zu den populärsten Sportveranstaltungen. 1982 gewann das koreanische Team die in Sŏul abgehaltenen 27. Weltmeisterschaften vor den Baseballnationen USA und Japan.

Volleyball wurde 1917 in Korea eingeführt. 1976 errangen die koreanischen Damen die Bronzemedaille bei den Olympischen Spielen in Montreal. Es war dies die erste olympische Medaille, die Koreaner bei einem Ballspiel erhielten. Bei den Asiatischen Spielen von 1986 gab es sowohl für die Damen als auch für die Herren Medaillen, und zwar Silber für die Herren- und Bronze für die Damenmannschaft.

Basketball verzeichnet seit etwa 1920 einen stärkeren Zulauf. 1984 gab es für die Damenmannschaft die Silbermedaille bei der Olympiade in Los Angeles und 1986 Silber für Damen und Herren bei den Asiatischen Spielen in Sŏul.

Tischtennis wird ebenfalls etwa seit den zwanziger Jahren dieses Jahrhunderts von einer größeren Anzahl gespielt. 1973 gewann die koreanische Damenmannschaft zum erstenmal die Weltmeisterschaft im Tischtennis in Sarajevo, Jugoslawien. 1975, 1977 und 1981 waren die Koreanerinnen gegen China im Finale. Bei den Asiatischen Spielen von 1986 gewann Korea sogar gegen die unschlagbaren Chinesen und eroberte drei von sieben Goldmedaillen im Herreneinzelwettbewerb und in den Wettbewerben Herren- und Damenmannschaft.

Schwimmen war lange Zeit das Stiefkind unter den Sportarten, und erst als 1970 drei koreanische Schwimmer Goldmedaillen bei den Asienspielen gewannen, gibt es ein regeres Interesse an dieser Sportart. Bei den Asiatischen Spielen von 1986 erreichte Korea zwei Goldmedaillen.

Im Turnen konnte Korea 1986 bei den Asiatischen Spielen sogar gegen Japan Erfolge aufweisen und drei Goldmedaillen erobern. Auch im Ringen stellt Korea seinen Mann. 1984 gewann es bei den Olympischen Spielen in Los Angeles zwei Goldmedaillen, und bei den Zehnten Asiatischen Spielen von 1986 kam es gar auf neun. Es erwartet sich auch zahlreiche Medaillen bei der Olympiade in Sŏul.

Im Boxen ist Korea einsame Spitze in Asien. 1982 hatten bei den Asiatischen Spielen koreanische Boxer Goldmedaillen in sechs verschiedenen Gewichtsklassen errungen. 1986 beherrschten die koreanischen Boxer sogar alle zwölf Gewichtsklassen. Bei der Olympiade in Los Angeles hatte Korea 1984 eine Gold-, eine Silber- und eine Bronzemedaille gewonnen.

Das Bogenschießen hat eine lange Tradition in Korea und dementsprechend gut sind die Leistungen. 1979 gewann Kim Chin-ho bei den 30. Weltmeisterschaften im Bogenschießen in Berlin fünf der sechs Goldmedaillen. Bei der Olympiade in Los Angeles erschoß sich Korea eine Gold- und eine Bronzemedaille. Bei den Asiatischen Spielen von 1986 gingen neun der zwölf Gold- und 16 der verbleibenden 24 Medaillen an Korea.

Auch der Schießsport blüht in Südkorea, und das ist ja auch kein Wunder, denn Südkorea weist ein stehendes Heer von 600'000 Soldaten auf, und es finden viele Heeressport-Wettkämpfe dienender und ausgedienter Soldaten statt. Bei den Asiatischen Spielen von 1982 erzielten die koreanischen Schützen drei Goldmedaillen und bei denen von 1986 sieben.

Welche Bedeutung in Südkorea dem Sport beigemessen wird, ersieht man auch daran, daß es ein eigenes Sportministerium gibt. Das Sportministerium wurde am 20. März 1982 ins Leben gerufen, um den Sport zu fördern und die nötige Regierungshilfe für die Vorbereitung auf die Asiatischen Spiele von 1986 und die Olympiade in Sŏul zu geben.

Politische Systeme des geteilten Korea

Südkorea

Die liberal-demokratische Verfassung von 1948 wurde am 21. November 1972 von der Yusin-Verfassung abgelöst. Diese sollte Korea zu einer für das Land geeigneteren Demokratieform verhelfen. Das Regierungssystem wurde sehr zentralisiert. Es sollte inneren Frieden und politische Stabilität sicherstellen, Maßnahmen reibungsloser durchzusetzen ermöglichen, Zersplitterungen der Parteien vorbeugen und den sozialen und wirtschaftlichen Fortschritt unter einer starken präsidentiellen Führung fördern.

Das politische System kann man als Präsidialsystem charakterisieren, welches eine starke Richtlinienkompetenz des Staatspräsidenten aufweist. Der Staatspräsident ist Staatsoberhaupt und höchstes Exekutivorgan. Er wird nach der neuen Verfassung nicht mehr – wie noch 1971 (damals vier Jahre Amtszeit) – vom Volk, sondern einem Wahlmännergremium, der „Nationalkonferenz für Wiedervereinigung“, gewählt. Seine Amtszeit betrug nach dieser Verfassung sechs Jahre und sah keine Beschränkung der Anzahl der Amtsperioden vor.

Der Präsident ist Vorsitzender des Staatsrats, der ihn bei seiner Arbeit unterstützt. Dessen 15 bis 25 Mitglieder werden von ihm auf Vorschlag des Premierministers, der selbst darin vertreten ist, ernannt. Der Premierminister wird vom Präsidenten eingesetzt und abberufen. Der Präsident führt auch den Vorsitz des Nationalen Sicherheitsrates. Er kann Notverordnungen verkünden und in besonderen Fällen sogar gegen den Beschluß der Nationalversammlung Grundrechte aufheben.

Der Präsident des Obersten Gerichtshofes wird vom Präsidenten ernannt, die anderen Richter vom Präsidenten nach Vorschlag des Gerichtspräsidenten. Bei einer Verfassungsänderung, die am 22. Oktober 1980 vom Volk gebilligt wurde, wird die Amtszeit des Präsidenten von sechs auf sieben Jahre hinaufgesetzt, eine Wiederwahl aber ausgeschlossen.

Die Nationalversammlung ist das gesetzgebende Organ in Südkorea. Sie besteht nur aus einer Kammer. Zwei Drittel der 276 Abgeordneten werden auf vier Jahre vom Volk gewählt, vom restlichen Drittel gehen 61 an die stärkste Partei und 31 proportional an die übrigen Parteien.

Nordkorea

Nordkorea weist ein diktatorisches Präsidialsystem auf. Der Staatspräsident – seit der Gründung Nordkoreas unverändert Kim Il-sŏng – hat faktisch unbeschränkte Vollmachten. Er wird von der Obersten Volksversammlung auf vier Jahre (ohne Beschränkung der Anzahl der Amtsperioden) gewählt. Für diese finden allgemeine Wahlen statt, in denen die zu 97,6% der regierenden Arbeiterpartei (eine kommunistische Partei der „reinen“ Lehre) angehörenden (der

Rest setzt sich aus ihnen nahestehenden, nicht oppositionellen Mitgliedern zusammen) Abgeordneten gewählt werden. Bei „Wahlen" wurden bisher immer bei 100% Wahlbeteiligung 100% der Stimmen für die Kandidaten der Arbeiterpartei ermittelt. Die Oberste Volksversammlung tritt nur gelegentlich zusammen. Ihre Hauptaufgabe besteht im Sanktionieren der von ihrem ständigen Komitee beschlossenen Gesetze.

Der Präsident hat zu seiner Unterstützung ein Zentrales Volkskomitee, das 14 Mitglieder zählt, deren Vorsitzender er ist. Es bildet das höchste Führungsorgan. Darunter gibt es einen Staatsrat, dem die Ministerien und die diesen nahezu gleichgestellten Ausschüsse unterstehen.

Der Präsident ist Vorsitzender der Nationalen Verteidigungskommission und Oberkommandierender der Streitkräfte.

Praktisch die einzige Partei (siehe oben) ist die Koreanische Arbeiterpartei, deren Generalsekretär der Staatspräsident ist.

Der Zentrale Gerichtshof in Pyŏng-yang ist höchstes Rechtsprechungsorgan und dem Staatspräsidenten verantwortlich.

Einige vergleichende Zahlen

	Südkorea	Nordkorea
Fläche	98'955 km²	122'370 km²
Bevölkerung	36'412 Mill. Ew. (1977) 40'513 Mill. Ew. (1984)	16'660 Mill. Ew. (1977) 19'630 Mill. Ew. (1984)
Hauptstadt	Sŏul (9,7 Mill. Ew.)	Pyŏng-yang (1,3 Mill. Ew.)
Bevölkerungswachstum (jhl.)	1,61% (1976) 1,24% (1986)	2,4% (1976)
Bevölkerungsdichte (Pers./km²)	351 (1975) 419 (1986)	150 (1975)
Geburtenrate (je 1000 Ex.)	19 (1982)	31 (1982)
Sterberate (je 1000 Ew.)	5 (1982)	8 (1982)
Bruttosozialprodukt (BSP)	80,3 Mrd. $ (1983)	25,1 Mrd. $ (1983)
Außenhandel: Exporte	21,25 Mrd. $ (1981)	1,52 Mrd. $ (1981)
Importe	26,131 Mrd. $ (1981)	1,88 Mrd. $ (1981)
Touristen (ausländische)	1'426'045 (1985)	keine freie Reisemöglichkeit
Einnahmen aus Tourismus	784 Mill. $ (1985)	kein Tourismus
Religion	39% bekennen sich zu einer Religion. Davon (1983): Buddhisten 48,16% (7,5 Mill.) Konfuzianisten 5,04% (786'000) Katholiken 10,20% (1,59 Mill.) Protestanten 34,24% (5,33 Mill.) Da viele Koreaner aber mehr als einer Religion zuneigen, sind diese Zahlen nur beschränkt gültig.	vorwiegend Buddhismus daneben Konfuzianismus; Religionsausübung aber verboten

Koreanische Sprache und Schrift

Das Koreanische gehört zusammen mit dem Japanischen zu den altaischen Sprachen, welche aus den Mandschu-Sprachen, einigen tungusischen Sprachen, den Turk-Sprachen und den mongolischen Sprachen gebildet werden. Es ist nicht mit dem Chinesischen verwandt, das zu den sino-tibetischen Sprachen zählt, die sich neben dem Chinesischen aus dem Tibetanischen, Birmanischen und den Thai-Sprachen zusammensetzen.

Anders als das Chinesische, das formalgrammatisch zu den isolierenden Sprachen zu rechnen ist, welche die syntaktischen Funktionen durch die Wortstellung und Hilfswörter ausdrücken, ist das Koreanische eine agglutinierende Sprache, welche Nachsilben an einen Wortstamm anfügt.

Es kennt kein Geschlecht und weist normalerweise keine Zahl auf, obwohl man diese zum Beispiel mit der Pluralpartikel „tŭl" ausdrücken kann. Unseren dem Substantiv zum Beispiel vorangestellten Präpositionen entsprechen nachgestellte Postpositionen. Relativsätze kennt das Koreanische nicht, es stellt immer attributiv das Bestimmende vor das Bestimmte, also „die Frau, die einen schwarzen Rock und eine weiße Bluse anhat" lautet im Koreanischen „schwarzen Rock und weiße Bluse anhabende Frau". Zeiten, Modalfunktionen, Höflichkeitsstufen werden durch Verbalendungen bezeichnet, die mehrfach zusammengesetzt sein können und an den Verbalstamm angehängt werden.

Mit der Übernahme vieler chinesischer Kulturelemente fand auch die chinesische Schrift Eingang in Korea, deren Kenntnis zum Lesen der wichtigen chinesischen Klassiker erforderlich war und in der auch die Gelehrten sich verständigten. Um mit der neuen Schrift auch koreanisch schreiben zu können, erfand man 632 n. Chr. ein System, das Idu-System, das einerseits an der Bedeutung der chinesischen Zeichen orientiert war und die jeweiligen koreanischen Wörter mit den entsprechenden Zeichen semantisch ausdrückte, andererseits chinesische Zeichen phonetisch verwendete, um grammatische Funktionen wiedergeben zu können. Dieses System war ungeheuer kompliziert zu erlernen, so daß die Entwicklung der Hangŭl von König Sejong (1418–1450), in Zusammenarbeit mit acht Wissenschaftlern, einer Revolution gleichkam. 1446 wurde die neue Schrift bekanntgemacht. Sie hatte ursprünglich 17 Konsonanten – und elf Vokalzeichen, deren Zahl aber im Laufe der Zeit auf 24 Buchstaben (14 Konsonanten und zehn Vokale) verringert wurde. Gespannte Konsonanten werden durch Verdoppelung des Grundzeichens wiedergegeben, Halbvokale zum Beispiel durch Modifikation des Grundzeichens, so daß zusammen mit diesen Formen ein Inventar von 40 Zeichen entsteht. Mindestens zwei und höchstens vier Zeichen werden neben- und untereinander gesetzt und zu einer Silbengruppe vereinigt.

In den höheren Klassen wurde diese Schrift als ŏnmun (Schrift für die Ungebildeten) verachtet. Sie verwendeten weiter die chinesischen Zeichen und erst Ende des 19. Jahrhunderts setzten sich die, seither Hangŭl genannten Zeichen durch.

Hangŭl sind logisch aufgebaut und tatsächlich in ein paar Tagen zu erlernen. Versuchen Sie es mal anhand der Tabelle!

Seite 177:
Südküste. Morgendliche Stimmung.

Seiten 178/179:
Haegŭmgang. Bewachsene Felsenformation, die von Chŭngmu oder Changsŭngp'o auf Kŏjedo erreicht werden kann. Sie befindet sich im Hallyŏ-sudo-Nationalpark (seit 1968 als solcher festgelegt), der einen Teil der Küste von Kŏje-do und etliche bewohnte und unbewohnte Inseln der Umgebung umfaßt. Haegŭmgang gehört zu einem sich im Meer fortsetzenden Ausläufer des T'aebaek-Gebirges.

Seite 180:
Typischer koreanischer Fischer bei der Ausfahrt. An der Ostküste ist das Wasser sehr klar – im Gegensatz zum trüben Wasser der Westküste (Gelbes Meer!).

Seite 181 oben:
Ch'ungmu-Bucht an der Südküste. Ch'ungmu bedeutet Loyalität und Kriegskunst und ist ein Titel, der Yi Sun-sin (1545–1598) posthum verliehen wurde. Viele Inseln nahe am Hafen haben mit der Geschichte der Kämpfe des Admirals gegen die Japaner Ende des 16. Jhs. zu tun.

Unten:
Hallyŏ-sudo-Nationalpark. Besteht aus 115 bewohnten und 253 unbewohnten Inseln.

Seiten 182/183:
Einer der vielen und beliebten Badestrände Chejudos ist der Hyŏpchae-haesuyokchang.

Seite 184:
Fische beim Trocknen.

Seite 185 oben:
Hafen- und Fischerstadt Mokp'o (222 000 Einwohner) in der Provinz Chŏllanam-do. Die länglichen Fische auf dem Handwagen (sure) im Vordergrund sind kalch'i (Degenfisch), die zu den häufigsten Speisefischen Koreas zählen. Der Degenfisch wird zahlreich gefangen, wenn er zum Laichen flache Ufergewässer aufsucht.

Unten:
Kim (Meerlattich) beim Trocknen. Meerlattich ist jodhaltig, so daß Koreaner durch den häufigen Genuß kaum einen Kropf haben.

Seite 186:
Muschelsammlerinnen bei Hallim auf Cheju-do. Die Muscheln werden bei Ebbe eingesammelt, das heißt vom Meeresboden, dort wo man kleine Löcher sieht, herausgegraben. Da die Muschelschalen sehr scharfkantig sind, tragen die Frauen bei der Arbeit Handschuhe.

Seite 187 oben:
Bootsbau für den Fischfang.

Unten:
Fischerboote in Kamp'o bei P'ohang an der Ostküste.

Seite 188:
Trawler vor dem Auslaufen zum Nachtfischfang.

회

금생

Heute werden Texte entweder in einer Mischung aus chinesischen Zeichen und Hangŭl geschrieben, was zur Unterscheidung von Homonymen des sinokoreanischen Wortschatzes beitragen hilft, oder nur in Hangŭl.

Erläuterungen zur Aussprache der koreanischen Wörter

a: entspricht dem deutschen „a" in „Tat"

ae: wird offen, wie [ɛ] artikuliert

b/p: «p» wird am Silbenanfang nur sehr schwach behaucht und ist stimmlos. Zwischen zwei stimmhaften Lauten wie Vokalen und stimmhaften Konsonanten wird derselbe Laut verstimmhaftet. Am Silbenschluß wird «p» ohne Verschlußöffnung, das heißt implosiv gesprochen;

ch/j: wird „tsch" gesprochen, aber das dem „t" folgende „sch" nicht so weit hinten artikuliert wie das deutsche „sch", sondern etwa wie das englische „sh"; im übrigen vergleiche b/p

d/t: ebenfalls nur schwach behaucht; im übrigen vergleiche b/p

e: halboffen; nicht so geschlossen wie das deutsche geschlossene „e"; ungerundet

g/k: nur mit sehr leichter Behauchung zu sprechen; im übrigen vergleiche b/p.

h: wie „h" gesprochen, vor „w" und Engelauten (zum Beispiel hwa, hyu) wie ein leichtes „ch", aber nicht so stark wie zum Beispiel im deutschen „ich"

i: halboffen, ungerundet

l/r: am Wortende und vor Konsonanten (außer „h") als „l" artikuliert, sonst als „r"; dieses wird durch einmaliges kurzes Schlagen der Zunge gegen den Zahndamm gebildet;

m: ähnlich dem deutschen „m"

n: entspricht ungefähr dem deutschen „n"

o: halboffener, gerundeter Vokal

ŏ: ungerundet, halboffen, gespannt in betonten, ungespannt in unbetonten Silben

oe: halboffen, mittlerer, vorderer, gerundeter, gespannter Vokal (viele Koreaner sprechen ihn aber nicht „ö", sondern „we")

s: nicht so stark wie das deutsche „s"; immer stimmlos; vor „i" und „ui" als „sch" (wie englisches «sh») gesprochen

u: halboffen, leicht gerundet

ŭ: ungerundet, gespannt, Zungenposition etwa zwischen „i" und „u"; Zentralvokal

ui: etwa wie ein halboffenes, gerundetes „ü" zu sprechen; viele Koreaner sprechen es aber „wi";

w: bilabial wie das englische „w"

y: wie deutsches „j"

„kk", „pp", „ss" „tch" und „tt" sind gespannte Konsonanten und mit verstärkter Muskelspannung der Lippen beziehungsweise der Zunge zu sprechen. Die korrekte Aussprache ist schwierig zu erlernen.

Der Apostroph hinter den Konsonanten „ch", „k", „p", „t" zeigt starke Behauchung an. Hinter anderen Lauten zeigt er an, daß die Laute, zwischen denen er steht, getrennt ausgesprochen werden, also zum Beispiel Tan'ŏ und nicht Ta-nŏ.

Das Alphabet der Koreanischen Schrift

Vokale / Konsonanten	ㅏ 〔a〕	ㅑ 〔ya〕	ㅓ 〔ŏ〕	ㅕ 〔yŏ〕	ㅗ 〔o〕	ㅛ 〔yo〕	ㅜ 〔u〕	ㅠ 〔yu〕	ㅡ 〔ŭ〕	ㅣ 〔i〕
ㄱ 〔k,g〕	가	갸	거	겨	고	교	구	규	그	기
ㄴ 〔n〕	나	냐	너	녀	노	뇨	누	뉴	느	니
ㄷ 〔t,d〕	다	댜	더	뎌	도	됴	두	듀	드	디
ㄹ 〔r,l〕	라	랴	러	려	로	료	루	류	르	리
ㅁ 〔m〕	마	먀	머	며	모	묘	무	뮤	므	미
ㅂ 〔p,b〕	바	뱌	버	벼	보	뵤	부	뷰	브	비
ㅅ[1] 〔s,sh〕	사	샤	서	셔	소	쇼	수	슈	스	시
ㅇ[2]	아	야	어	여	오	요	우	유	으	이
ㅈ 〔ch,j〕	자	쟈	저	져	조	죠	주	쥬	즈	지
ㅊ 〔ch'〕	차	챠	처	쳐	초	쵸	추	츄	츠	치
ㅋ 〔k'〕	카	캬	커	켜	코	쿄	쿠	큐	크	키
ㅌ 〔t'〕	타	탸	터	텨	토	툐	투	튜	트	티
ㅍ 〔p'〕	파	퍄	퍼	펴	포	표	푸	퓨	프	피
ㅎ 〔h〕	하	햐	허	혀	호	효	후	휴	흐	히

Sitzende Maitreya
(vergoldete Bronze)
Drei Königreiche (spätes 6. bis frühes 7. Jahrhundert)
Es gibt viele koreanische Statuen von Maitreya *in Meditation, aber diese hier ist wegen ihres würdevollen Ausdrucks und der zierlichen Proportionen in vieler Hinsicht einmalig. Der Gesamteffekt ist sehr stilvoll und spiritualistisch. Die Figur trägt eine Krone, von welcher zwei zylindrische Zöpfe auf beide Schultern fallen. Das Gesicht wie auch die Taille, Arme und Hände sind verlängert. Die normalerweise eher strenge Göttin trägt ein auffälliges und ausgeklügeltes Schmuckstück: An einer kurzen Kette sind zwei Stränge befestigt, welche bis auf Kniehöhe fallen, wo sie unter einem blumenförmigen Medaillon zusammenkommen, dann beidseitig um den Thron geschlungen und im Nacken der Figur wieder mit der Kette vereint werden. Der linke Fuß ruht auf einer Lotusblüte. Der achteckige Thron steht auf einem hohlen, viereckigen Sockel.*
Dieser abstrakte Stil wurde nach Japan weitergegeben, wo er sich in verschiedenen meditierenden Maitreya-Figuren der „48 Buddhas"*-Gruppe aus dem 7. Jahrhundert (jetzt im Tokyo National Museum) manifestierte.*

Zeittafel

um 5000 v. Chr.	Beginn des koreanischen Neolithikums
1000–800 v. Chr.	Anfang der Bronzezeit
nach 400 v. Chr.	Puyŏ weist schon Eisenkultur auf;
194 v. Chr.	Wei Man (kor. Wi Man) flüchtet aus China nach Korea und errichtet die Wi-Dynastie;
108 v. Chr.	Wi-Reich fällt an China. Chinesischer Statthalter eingesetzt. Zentralgebiet Lo-lang sinisiert mit seiner Hochkultur Korea;
Ende 2. Jahrh. v. Chr.	Über Lo-lang als Zentrum Verbreitung der Eisenkultur über die Halbinsel
37 v. Chr.	Königreich Koguryŏ im Norden gegründet
um die Zeitenwende	Die Han-Stämme der Mahan, Chinhan und Pyŏnhan im Süden Koreas bilden größere Verbände;
313 n. Chr.	Ende der chinesischen Lo-lang-Kolonie durch Eroberung Koguryŏs
4. Jahrh.	Südkoreanische Stammesverbände schließen sich zu selbständigen Staaten zusammen. Mahan bildet das Königtum Paekche, aus Chinhan entsteht Silla, und Pyŏnhan wird zur Kaya-Föderation;
4. Jahrh.–668	Zeit der Drei Reiche: Koguryŏ, Paekche und Silla
668	Das mächtige Koguryŏ wird von T'ang-China und Silla besiegt. Silla kann die Halbinsel einen. Seine Hauptstadt Sŏrabŏl (späteres Kyŏngju) wird Zentrum einer prunkvollen, glänzenden Kultur;
668–935	Silla-Zeit
935	Ende des schon seit der 2. Hälfte des 9. Jahrhunderts im Niedergang begriffenen Silla durch Übergabe des letzten Silla-Königs an Wanggŏn
918	Wanggŏn begründet in Kaesŏng das Königreich Koryŏ (vgl. deutsche Bezeichnung „Korea"), welches Silla ablöst;
918–1392	Koryŏ-Zeit
993–1018	Einfälle der Khitan (Liao). 1010 Hauptstadt Kaesŏng geplündert. Nach großer Niederlage der Khitan 1019 friedliche Beziehungen
1033–1044	Schutzwall gegen die Ju-chen im Norden ermöglicht dem Land Ruhe;
1231–1356	Mongolenherrschaft in Korea
1232–1258	Koreanische „Exilregierung" auf der Insel Kanghwa
1274 u. 1281	Der Mongolenkaiser Kubilai-Khan unternimmt Eroberungsexpeditionen nach Japan, die scheitern und deren finanzielle Hauptlast Korea zu tragen hat;
1392	Sturz des Koryŏ-Königs durch Yi Sŏnggye Unter dem Königsnamen Yi Paejo begründet er die Yi-Dynastie. Hauptstadt wird Hanyang (späteres Sŏul);
1392–1910	Zeit der Yi-Dynastie. Das Land wird Chosŏn genannt. Der Konfuzianismus wird die beherrschende Ideologie;
1592–1598	Japanische Invasion mit verheerenden Folgen

1627 – 1637	Unterwerfung Koreas durch die Mandschu, denen Korea tributpflichtig ist;
1637 – 1894	Korea formal unter Oberhoheit der Mandschu, die von 1644 bis 1911 die regierende Ch'ing-Dynastie Chinas bilden; Korea ist nur innenpolitisch „souverän“;
17. Jahrh. – 1876	Korea schließt sich von außen ab;
1876	Mit dem erzwungenen Vertrag von Kanghwa endet die Zeit der Abschließung. Dem Vertrag mit Japan folgen solche mit anderen Ländern;
1876 – 1904	Japan, China und Rußland ringen um Einfluß auf der Halbinsel;
1884	Scheitern eines pro-japanischen Staatsstreiches der Reformistenpartei
1885	Der Vertrag von Tientsin verfügt den beidseitigen Rückzug der Truppen Japans und Chinas von der Halbinsel;
1894	Bauernunruhen, die zu einer sozialrevolutionären, politischen Erhebung anschwellen (Tonghak-Aufstand), werden mit japanischer Hilfe niedergeschlagen;
1894	Durch Japan initiierte Kab'o-Reform schafft Sklaverei, Kinderehen, Verbot der Witwenwiederverheiratung u. a. ab;
1894 – 1895	Japans siegreicher Krieg gegen China schaltet dessen Einfluß auf die Halbinsel aus;
1895	Japaner und koreanische Oppositionelle ermorden Königin Min im Kyŏngbok-Palast;
1896	König Kojong flieht aus dem bewachten Palast in die russische Botschaft und löst das pro-japanische Kabinett auf;
1897 – 1904	Die Vormachtstellung in Korea geht an Rußland;
1905	Der Frieden von Portsmouth nach dem Russisch-Japanischen Krieg (1904 – 05) sichert Japan das Protektorat über Korea. Ein Generalresident wird in Korea eingesetzt;
Juni 1907	Kaiser Kojong (seit 1897 Kaiser) sendet Abgesandte zur Internationalen Friedenskonferenz nach Den Haag, um mit internationalem Druck Japans Abzug zu erreichen. Die Mission scheitert;
Juli 1907	Der Protektoratsvertrag von 1905 wird ergänzt und sichert dem Generalresidenten ein Veto bei allen wichtigen Entscheidungen der koreanischen Regierung zu;
August 1910	Korea wird von Japan annektiert. Die Generalresidentschaft wird in ein Generalgouvernement umgewandelt;
1917	Die Oktoberrevolution in Rußland nährt den Freiheitsgedanken der Koreaner;
1918	Die „Vierzehn Punkte“ des amerikanischen Präsid[illegible] Wilson vom 1. 8.1918, in denen das Selbstbesti[illegible] recht der Völker ausgesprochen wird, ver[illegible] Unabhängigkeitsidee und führen am

1. 3. 1919	zur „Bewegung des 1. März", die als Demonstration für Unabhängigkeit in Sŏul begann und sich rasch über das ganze Land ausbreitete. Sie wurde blutig niedergeschlagen;
um 1920 – um1935	Gemäßigtere Reformpolitik Japans in Korea soll das politische Klima japanfreundlicher machen, der Unabhängigkeitsgedanke bei den Koreanern erlischt aber nicht;
1936 – 1945	Die militante Politik Japans (1937 Kriegsbeginn mit China, Dezember 1941 Eintritt in den Zweiten Weltkrieg) verursacht harten Kurs der Kolonialregierung in Korea. Korea wird Lieferant für Rüstungsindustrie. Politik der Zwangsassimilation
September 1945	Amerikaner und Russen befreien Korea. Der 38. Breitengrad bildet die Demarkationslinie zwischen den beiden Besatzungsmächten;
15. August 1948	Die Republik Korea (ROK) wird ausgerufen. Präsident ist Syngman Rhee. Die amerikanische Militärregierung endet hiermit;
2. September 1948	Die Koreanische Demokratische Volksrepublik wird gegründet. Deren erster Präsident wird Kim Il-sŏng. Die sowjetischen Besatzungssoldaten verlassen das Land;
25. Juni 1950	Nordkoreanische Verbände überschreiten den 38. Breitengrad;
1950 – 1953	Koreakrieg. Anfängliche Erfolge Nordkoreas. Dann drängt das UNO-Oberkommando bis 1. 11. 1950 die Nordkoreaner an den Yalu zurück. Die Chinesen greifen ein. Die UNO-Truppen müssen sich bis hinter den 38. Breitengrad zurückziehen. Schließlich Stellungskrieg um diese Linie

In Nordkorea herrscht seit dem Koreakrieg der kommunistische Parteischef Kim Il-sŏng mit monarchistischer Absolutheit und einem beispiellosen Personenkult, wobei als Nachfolger Kim Il-sŏngs in dynastischer Manier dessen Sohn designiert ist und Teile ...eschäfte wie ein Thronfolger führt.

...Daten betreffen daher Südkorea allein:

...ffenstillstand von P'anmunjom unterzeichnet
...sident Rhee tritt nach schweren Demonstrationen
...hlfälschungen u. a.) zurück;
...ite Republik unter Präsident Yun Po-sun. Chaotische
...ältnisse. Parteispaltungen. Schließlich über 60
...ien. Straßenproteste
...ärrevolution unter Generalmajor Park Chung-hee
... Chung-hee wird mit knapper Mehrheit gegen Yun Po-
...sun vom Volk zum Staatspräsidenten gewählt;

22. Juni 1965	Abkommen über die japanisch-koreanische Aussöhnung unterzeichnet. Positive Auswirkungen auf die koreanische Wirtschaft
Oktober 1969	Eine Volksabstimmung über eine Verfassungsänderung, die Präsident Park Chung-hee eine dritte Amtsperiode ermöglichen soll, erzielt mit 65% Pro-Stimmen ein positives Ergebnis;
27. April 1971	Wahl Präsident Parks zu seiner 3. Amtsperiode. Der Kandidat der Opposition, Kim Dae-jung, unterliegt;
21. November 1972	Volksabstimmung über eine neue Verfassung, die Yusin-Verfassung, welche die Befugnisse des Präsidenten erheblich erweitert und stärkt. Der Präsident kann für alle Bereiche des öffentlichen Lebens Notstandsmaßnahmen treffen;
26. Oktober 1979	Ermordung von Präsident Park durch den Chef des Geheimdienstes (KCIA) Kim Jae-kyu
6. Dezember 1979	Choi Kyu-hah wird, wie in der Yusin-Verfassung vorgesehen, von einem Wahlmännergremium zum Präsidenten gewählt;
16. August 1980	Der von Generalleutnant Chun Doo Hwan entmachtete Präsident Choi tritt zurück;
27. August 1980	Chun Doo Hwan wird vom Wahlmännergremium zum neuen Präsidenten gewählt;
22. Oktober 1980	Eine Revision der Yusin-Verfassung, welche die Amtszeit des Präsidenten auf sieben Jahre erhöht, aber nur eine Amtsperiode vorsieht, wird in einer Volksabstimmung mit 91,6% der Stimmen angenommen;
25. Februar 1981	Auf die Verfassungsänderung folgt eine Neuwahl durch die Wahlmänner. Chun erhält 90,23% ihrer Stimmen und wird am 3. 3. 81 als Präsident vereidigt;
Januar 1982	Die nächtliche Ausgangssperre von Mitternacht bis 4 Uhr früh wird aufgehoben;
9. Oktober 1983	Attentat nordkoreanischer Kreise auf südkoreanische Regierungsmitglieder, die sich zu einem Staatsbesuch in Rangun aufhalten. 17 Südkoreaner, darunter vier Kabinettsminister, werden getötet, Präsident Chun entgeht dem Anschlag;
Februar 1985	Die regierende Demokratische Gerechtigkeitspartei behält bei den Parlamentswahlen ihre absolute Mehrheit, die Oppositionsparteien können aber erhebliche Stimmengewinne erzielen. Die erst im Januar gegründete Neue Koreanische Demokratische Partei (NKDM) wird stärkste Oppositionspartei;
1986	Die Opposition fordert die Einführung der Direktwahl des Präsidenten statt des bisherigen Wahlverfahrens und eine Einschränkung seiner Befugnisse;

13. April 1987	Der Vorsitzende der Demokratischen Gerechtigkeitspartei und persönliche Freund Chuns, Roh Tae Woo, wird als Präsidentschaftskandidat nominiert. Anhaltende Protestkundgebungen sind die Folge;
29. Juni 1987	Roh Tae Woo erklärt sich unter öffentlichem Druck mit der Direktwahl des Präsidenten einverstanden;
1. Juli 1987	Präsident Chun Doo Hwan akzeptiert das Demokratisierungsprogramm des Vorsitzenden seiner Partei.

Entenförmige Gefäße
(Asche-glasiertes graues Steingut)
Kaya (5.–6. Jahrhundert)
Aus Ch'angnyŏng, Provinz Süd-Kyŏngsang
Die Vögel sind auf zwei hohlen Sockeln plaziert. Der ganz besondere Charme wird durch die Kontraste der abstrakten Körper, Schwänze und Federn und der realistisch gestalteten Köpfe erzielt.
Eine Anzahl ähnlich gestalteter entenförmiger Gefäße wurde östlich des Naktong-Flußes in den Provinzen Nord- und Süd-Kyŏngsang in Grabstätten des 5. und 6. Jahrhunderts gefunden.

Ch'ŏngjin
Kanggye
NORDKOREA
Hamhŭng
Hŭngnam
Sinŭiju
Koreagolf
Japanisches Meer
Koreabucht
P'yongyang
Namp'o
Kaesŏng
Haeju
Uijŏngbu
Ch'unch'ŏn
Sŏul
SÜDKOREA
Inch'ŏn
Anyang-ni
Suwŏn
Wŏnju
Ch'ungju
Ch'ŏngju
Andong
Kongju
Taejŏn
Pohang
Taegu
Kyŏngju
Gelbes Meer
Kunsan
Iri
Ulsan
Milyang
Chŏnju
Chinju
Pusan
Chŏngŭp
Chinhae
Masan
Kwangju
Tamyang
Sunch'ŏn
Samch'ŏnp'o
Posŏng
Mokp'o
Kangjin
Koreastraße
Wando
Cheju-Straße

Avalokitesvara
(vergoldete Bronze)
Alt Silla (Mitte 7. Jahrhundert)
Aus Sŏnsan, Provinz Nord-Kyŏngsang
Diese Figur stellt Avalokitesvara, *den Bodhisattva der Erbarmung dar, symbolisiert durch den kleinen Buddha auf der Vorderseite der dreieckigen Krone.*
Die große, schlanke Gestalt ist mit einer langen, bis zu den Füßen reichenden Robe bekleidet und mit einer Halskette sowie einer (Glas-)Perlenkette geschmückt. Ein Schal umhüllt den Körper und beide Arme.
Die Statue wurde zusammen mit zwei anderen Figuren in Sŏnsan, einem Gebiet in der Nähe von Andong, gefunden. Sie ist stilistisch verwandt mit der gut gekannten Paekche-Goldbronzefigur von Bodhisattva, die in Kyuam-ni, Puyŏ, der letzten Hauptstadt des Paekche-Königreichs, gefunden wurde. Die stilistischen Ähnlichkeiten weisen auf die engen künstlerischen Verbindungen zwischen diesen beiden Königreichen hin.

Inhalt